COME SVILUPPARE IL TUO PENSIERO CRITICO

Una Guida Pratica per Allenare la tua Prontezza Mentale ed Affrontare ogni Sfida con Sicurezza e Intelligenza in un Mondo in Continua Evoluzione.

Daniel Carter

Copyright © 2023 di Mastermind Selection

Tutti i diritti riservati.

Nessuna parte di questo libro può essere riprodotta in qualsiasi forma o con mezzi elettronici o meccanici, compresi i sistemi di archiviazione e recupero delle informazioni, senza l'autorizzazione scritta dell'editore, ad eccezione di un recensore che può citare brevi passaggi in una recensione.

INDICE DEI CONTENUTI

INTRODUZIONE 1
CAPITOLO 1 5
   LA NASCITA DEL PENSIERO CRITICO 5
CAPITOLO 2 16
   FILONI INTERPRETATIVI DEL PENSIERO CRITICO 16
CAPITOLO 3 22
   MODELLO INTEGRATO PER IL PENSIERO CRITICO 22
CAPITOLO 4 27
   FONDAMENTI DEL PENSIERO CRITICO ... 27
      PENSIERO CRITICO E SCETTICISMO.......... 30
      RENDERE EFFICIENTE IL PENSIERO CRITICO 32
CAPITOLO 5 35
   PENSIERO CRITICO, CREATIVO E COMPLESSO 35
   PENSIERO CRITICO 37
   PENSIERO CREATIVO 38
   PENSIERO COMPLESSO 39
CAPITOLO 6 41
   ATTEGGIAMENTI CRITICI E STRATEGIE ARGOMENTATIVE 41

CAPITOLO 7 49

APPLICAZIONE DELLE CONOSCENZE TEORICHE ALLA PRATICA PROFESSIONALE 49

CAPITOLO 8 56

PENSIERO CRITICO OGGI 56

CAPITOLO 9 RICONOSCERE E SUPERARE GLI OSTACOLI GRAZIE AL PENSIERO CRITICO. 66

CAPITOLO 10 83

ANALISI CRITICA DELLE INFORMAZIONI (A.C.I) 83

CAPITOLO 11 89

VALUTAZIONE CRITICA DELLE ARGOMENTAZIONI 89

CAPITOLO 12 95

ITER PRATICO PER ALLENARE L'ABILITÀ DI VALUTAZIONE CRITICA 95

CAPITOLO 13 99

SINTESI E INTERPRETAZIONE CRITICA DELLE INFORMAZIONI 99

CAPITOLO 14 102

APPLICARE IL PENSIERO CRITICO A SITUAZIONI REALI 102

CAPITOLO 15 107

IL PENSIERO CRITICO E LE SUE APPLICAZIONI 107

CAPITOLO 16 112
- **LE SFIDE: SUPERA I BIAS E L'IMPARZIALITA'** 112

CAPITOLO 17 116
- **PENSIERO CRITICO E PROBLEM SOLVING** 116

CAPITOLO 18 121
- **RISOLVERE PROBLEMI COMPLESSI NELLA VITA QUOTIDIANA E NEL LAVORO** 121

CAPITOLO 19 125
- **PENSIERO CRITICO E COMUNICAZIONE EFFICACE** 125

CAPITOLO 20 134
- **PENSIERO CRITICO E GESTIONE DEI CONFLITTI** 134

CAPITOLO 21 141
- **PENSIERO CRITICO E INTELLIGENZA EMOTIVA** 141

CAPITOLO 22 144
- **PENSIERO CRITICO E LEADERSHIP** 144

CONCLUSIONE 149

INTRODUZIONE

La nostra era è spesso chiamata "l'era dell'informazione". Eppure, paradossalmente, mai come oggi è stato così complesso destreggiarsi tra la rete di dati, notizie e opinioni che ci circondano.

Se prima cercavamo la conoscenza, ora sembra che dobbiamo cercare la chiarezza in un labirinto di stimoli costanti.

Il labirinto di notizie in tempo reale, feed di social media, blog, video, podcast e altro ancora, tutto questo mette alla prova la nostra capacità di analisi e comprensione.

L'abbondanza di informazioni può essere travolgente e disorientante e c'è sempre il rischio di finire in un vicolo cieco, di cadere in una trappola di disinformazione o di rimanere intrappolati in una camera di risonanza.

È qui che entra in gioco il pensiero critico.

Questa abilità, antica quanto l'umanità ma mai così necessaria come lo è oggi, rappresenta la nostra bussola nel labirinto. Attraverso il pensiero critico, possiamo valutare, filtrare e comprendere le informazioni che incontriamo ogni giorno.

In questo libro vi guiderò attraverso i sentieri e i passaggi del labirinto informativo contemporaneo.

Ogni capitolo affronterà una sfida specifica, fornendo strumenti, strategie e riflessioni per aiutarti a navigare con sicurezza e consapevolezza.

Ci avvarremo delle più recenti ricerche in psicologia, sociologia, filosofia e comunicazione, nonché di esempi concreti e casi di studio per rendere ogni concetto tangibile e applicabile nella vita di tutti i giorni.

Il mio obiettivo è semplice ma ambizioso:

formare lettori e cittadini capaci di evolversi agilmente nel panorama informativo del XXI secolo, capaci di discernere la qualità dell'informazione e di contribuire alla costruzione di una società più intelligente e consapevole.

Mentre ti prepari a sfogliare queste pagine, sappi che stai intraprendendo un viaggio essenziale.

Un viaggio che non solo ti aiuterà ad allenare la mente, ma ti aiuterà anche a diventare un partecipante più attivo e consapevole nel mondo complesso e interconnesso in cui vivi.

Il mondo di oggi sta cambiando anche grazie all'intelligenza artificiale, che mi piace definire come game changer perché è ciò che può diventare se usata in modo corretto e soprattutto appropriato, ma sta anch'essa riempendo il web, i social e di conseguenza le nostre menti di informazioni, dalle più interessanti fino ad arrivare addirittura a quelle non vere che stanno andando saturando qualsiasi piattaforma in cui questo spettro intelligente sia riuscito ad insediarsi.

Il modo in cui lavoriamo, il modo in cui studiamo e persino il modo in cui pensiamo: dopo l'avvento e la diffusione dell'intelligenza Artificiale sta cambiando radicalmente.

In seguito ad uno studio condotto da un gruppo di ricercatori dell'Università di Oxford nel 2023 su un campione eterogeneo di persone, il 65% dei partecipanti ha affermato che l'IA ha cambiato il loro modo di vivere.

L'intelligenza artificiale ha portato enormi progressi e possibilità, ma ha anche introdotto nuovi livelli di insicurezza nelle nostre vite.

Come affrontare queste sfide senza precedenti?

Come fare a rimanere al passo con i tempi, ed essere in grado di gareggiare con una macchina?

Credo fermamente che il pensiero critico possa essere la nostra arma più efficace per rispondere a queste minacciose domande.

La nostra capacità di ragionamento è un'abilità fondamentale che ci consente di navigare nei mari dell'incertezza, fare scelte informate ed adattarci a un panorama in continua evoluzione.

Il pensiero critico è il nostro baluardo contro l'insicurezza, e riesce a fornirci gli strumenti per interpretare, valutare e rispondere alle implicazioni dell'IA nella nostra vita quotidiana, ma non è tutto.

In un'epoca di sovraccarico di informazioni, ci troviamo anche di fronte a una crescente polarizzazione delle opinioni. Questo libro esplora l'importanza del pensiero critico nel contesto odierno, evidenziando il problema della polarizzazione dell'opinione e dell'informazione e, analizzando quanto sia importante l'analisi delle informazioni per superare questa sfida.

Le opinioni e le informazioni sono diventate sempre più polarizzate negli ultimi anni.

Gli algoritmi dei social network progettati per visualizzare contenuti rilevanti per l'utente spesso creano "camere dell'eco" in cui gli utenti sono esposti solo a prospettive simili alle loro.

Ciò porta alla formazione di bolle informative, in cui le idee vengono amplificate senza impegnarsi effettivamente con punti di vista diversi e rischia di soffocare la diversità di pensiero e il dibattito costruttivo.

Il pensiero critico consente alle persone di valutare obiettivamente le informazioni che ricevono e di distinguere tra fatti, opinioni e argomenti fondati, aiuta a evitare di accettare ciecamente le informazioni e ci incoraggia a cercare prove e fonti credibili a sostegno delle nostre convinzioni.

In un mondo in cui la disinformazione si diffonde rapidamente, il pensiero critico ci consente di mettere in dubbio ciò che viene presentato come verità (ma non sempre se ne ha la certezza).

Solo analizzando criticamente le informazioni possiamo ottenere una comprensione più completa e obiettiva dei problemi che ci circondano.

Lo scopo principale di questo libro è quello di fornire al lettore le tecniche e le strategie necessarie per sviluppare il pensiero critico e migliorare l'agilità mentale e l'intelligenza nell'affrontare le situazioni.

Attraverso una serie di approfondimenti, esempi concreti, case study e attività pratiche, riuscirai a sviluppare le diverse capacità di pensiero critico che possono essere applicate in una grande varietà di situazioni della vita quotidiana.

Il pensiero critico e l'analisi delle informazioni sono abilità essenziali nel mondo di oggi.

Quindi sei pronto per iniziare?

CAPITOLO 1

LA NASCITA DEL PENSIERO CRITICO

L'idea di analizzare e riflettere sui nostri pensieri risale ai tempi antichi, in particolare alla filosofia greca classica è, infatti, nell'antica Atene che troviamo le prime manifestazioni di quello che oggi chiamiamo "pensiero critico".

Socrate, attraverso il metodo socratico di domande e risposte, cercava di mettere in luce le contraddizioni nelle opinioni delle persone, stimolando pensiero e dubbio.

Sebbene il termine "pensiero critico" non apparisse nell'antica Grecia, il suo fondamento concettuale era saldamente radicato nella pratica socratica.

Nel corso dei secoli, il valore del pensiero critico è stato rafforzato attraverso vari movimenti filosofici e culturali.

Tuttavia, la formulazione moderna e l'enfasi sull'importanza del "pensiero critico" come abilità individuale e sociale fondamentale sono emerse soprattutto nei secoli XIX e XX.

Il contesto accademico, in particolare, ha attribuito grande importanza all'analisi, alla valutazione e alla riflessione come elementi chiave del processo educativo, già molti anni prima.

Negli anni '70, il pensiero critico si è sviluppato in risposta all'apprendimento riproduttivo.

Dove quest'ultimo rappresenta il risultato di una scarsa memorizzazione che lasciava gli studenti con informazioni sconnesse e non integrate.

Nel 1993, un gruppo di esperti dell'Organizzazione Mondiale della Sanità (OMS) ha deciso di includere il pensiero critico tra le dieci abilità di vita per promuovere il benessere.

Il pensiero critico ha ricevuto una grande attenzione negli ultimi

Sono stati istituiti, quindi, numerosi corsi specializzati per insegnare direttamente queste abilità.

Nota che sebbene questo concetto abbia una lunga storia, le persone hanno opinioni diverse su cosa significhi.

Il pensiero critico comprende discussioni su molti argomenti, dal ruolo dell'istruzione alla partecipazione attiva alla creazione di competenze generali e ragionevoli che tutti potrebbero avere.

Dopo 40 anni di sforzi, il pensiero critico è ancora più difficile da trovare per gli aspiranti studiosi.

Questa performance è infatti considerata "una delle più difficili".

Nel tentativo di superare la frammentazione si confrontano tre prospettive opposte ma non separate.

- Una prospettiva filosofica si concentra sul pensiero logico, sul pensiero chiaro e rigoroso e sui metodi di pensiero critico legati al linguaggio quotidiano.

- La prospettiva pedagogica si concentra sullo sviluppo personale dello studente in senso lato.

Per questo motivo, si concentra su come la pratica del pensiero critico avvantaggia la società nel suo insieme al di fuori della classe incoraggiando atteggiamenti socialmente critici.

- La terza prospettiva è detta socialmente attiva, e il suo obbiettivo è quello di aiutare gli studenti a cambiare le loro abitudini di pensiero praticando atteggiamenti critici e diventando cittadini consapevoli.

Figura fondamentale nello sviluppo del pensiero critico fu: John Dewey, filosofo e pedagogista americano.

John Dewey nacque il 20 ottobre 1859 a Burlington, nel Vermont, in un momento di grandi cambiamenti e grandi sfide per gli Stati Uniti.

Cresciuto in un ambiente protestante idealista, la sua educazione iniziò in un contesto tradizionale.

Si laureò in arte e filosofia presso l'Università del Vermont nel 1879 e inizialmente sembrava propenso a intraprendere la carriera di insegnante di scuola superiore.

Tuttavia, la sua sete di conoscenza lo portò alla Johns Hopkins University, dove entrò in contatto con figure influenti come G. Stanley Hall e Charles Sanders Peirce.

Questo periodo formativo lo espose a nuove idee in psicologia e filosofia, gettando le basi per la sua futura carriera di educatore e filosofo.

Dewey sosteneva che l'educazione non dovrebbe essere vista come una semplice trasmissione di informazioni ma come un processo dinamico di scoperta e interazione.

Crede che gli studenti dovrebbero essere coinvolti attivamente nei loro studi e che l'esperienza pratica gioca un ruolo centrale in questo processo.

Nella sua influente opera Democracy and Education (1916), Dewey sosteneva che l'istruzione gioca un ruolo centrale nella formazione dei cittadini in una società democratica.

Sosteneva che attraverso l'istruzione gli individui possono sviluppare le capacità di pensiero critico necessarie per partecipare attivamente e in modo costruttivo alla vita civica.

Dewey è spesso associato al movimento filosofico del pragmatismo, che sottolineava l'importanza dell'azione e dell'esperienza nella formazione della conoscenza.

A differenza di altre scuole filosofiche che consideravano la verità come qualcosa di fisso e immutabile, Dewey e altri pragmatisti sostenevano che la verità dovrebbe essere vista come qualcosa di dinamico, in costante evoluzione, che si sviluppa attraverso l'interazione con il mondo.

In questo contesto, Dewey considerava il pensiero critico come un modo per navigare in un mondo complesso e in continua evoluzione, invece di accettare passivamente informazioni o convinzioni.La visione progressista dell'istruzione di Dewey ha avuto un profondo impatto sul sistema educativo americano e in molte altre parti del mondo.

Le sue idee sulla pedagogia centrata sull'individuo, sull'apprendimento esperienziale e sulla centralità del pensiero critico sono diventate centrali in molte filosofie educative contemporanee.

Oltre alla sua influenza sulla pedagogia, Dewey ha avuto un impatto duraturo anche in molti campi, dalla filosofia alla psicologia, dalla politica all'arte.

In breve, John Dewey era una figura centrale nel pensiero critico e nell'educazione progressista.

L'enfasi sull'indagine attiva, sul pensiero critico e sull'importanza dell'esperienza ha gettato le basi per le moderne teorie educative e continua a influenzare il modo in cui pensiamo all'apprendimento e all'istruzione nel XXI secolo.

Dall'antichità al Rinascimento e oltre

Sebbene l'antica Grecia fornisce il fondamento filosofico per il pensiero critico, non era l'unica cultura a riconoscere o valorizzare lo studio e la riflessione, anche nell'antica Cina, pensatori come Confucio sottolineavano l'importanza dell'autoriflessione e dello sviluppo personale.

Nel mondo islamico medievale, figure come Al-Farabi e Avicenna gettarono le basi per lo studio della logica e dell'epistemologia, promuovendo l'esame critico della conoscenza e delle credenze.

Durante il Rinascimento europeo si pose l'accento sul ritorno ai testi classici e sul valore della ragione individuale.

Pensatori come Erasmo da Rotterdam e più tardi Galileo Galilei incoraggiarono l'indagine critica e la messa in discussione dell'autorità quando era in conflitto con l'osservazione diretta o il ragionamento logico.

Con l'Illuminismo la promozione del pensiero critico raggiunse nuovi traguardi.

Filosofi come John Locke, Immanuel Kant e Voltaire hanno sottolineato l'importanza che gli individui cerchino la verità attraverso la ragione e la ricerca empirica, piuttosto che affidarsi ciecamente all'autorità tradizionale.

Questo periodo vede l'emergere di una nuova enfasi sulla scienza, sulla logica e sui metodi sperimentali come mezzi per acquisire conoscenza.

Il XIX secolo, la rivoluzione industriale e i cambiamenti sociali, hanno portato con sé nuove sfide e opportunità per il pensiero critico.

L'esplosione di nuove idee, dalla teoria dell'evoluzione di Darwin alla psicoanalisi di Freud, ha richiesto un esame e una valutazione critica da parte della società. Inoltre, con lo sviluppo dell'istruzione pubblica, vi è stata una crescente enfasi sull'insegnamento del pensiero critico come competenza di base per tutti i cittadini.

Sebbene la tradizione occidentale abbia fornito gran parte del quadro concettuale che circonda il pensiero critico, sarebbe semplicistico non considerare gli importanti contributi della tradizione orientale.

In particolare, la filosofia buddista e alcune scuole di pensiero confuciane, come già anticipato, sottolineano l'importanza di un'attenta riflessione e di un autoesame.

Ad esempio, nel Buddismo, la pratica della meditazione Vipassanā (meditazione volta a purificare la mente da tutto ciò che può causare dolore e angoscia) si concentra sull'attenta osservazione della propria mente e dei processi mentali.

Questa forma di meditazione, che letteralmente si traduce con "vedere chiaramente", incoraggia una profonda consapevolezza e un'analisi profonda dei propri modelli di pensiero e delle risposte emotive.

Sebbene il contesto e l'approccio differiscano dalla tradizione occidentale, l'obiettivo di una comprensione più profonda e di una riflessione critica è un tema comune.

Con l'avanzare di tempi sempre più moderni, il XX secolo ha visto anche l'ascesa delle scienze cognitive come campo interdisciplinare che studia la mente e i suoi processi.

Ciò ha prodotto nuove intuizioni sul pensiero critico, esaminando come le persone elaborano le informazioni, come prendono decisioni e come possono essere influenzate da errori o pregiudizi.

Daniel Kahneman, un pioniere in questo campo, ha identificato due principali sistemi di pensiero nel cervello umano:

Il "Sistema 1" è veloce e intuitivo e il "Sistema 2" è più lento e più ponderato.

Il pensiero critico rientra principalmente nel regno del "Sistema 2", che richiede una riflessione profonda e un'analisi attenta. Tuttavia, Kahneman e altri hanno dimostrato che spesso siamo guidati dalle risposte intuitive del "Sistema 1", che possono portare a errori di giudizio.

Il "Sistema 1" funziona automaticamente e rapidamente, con poco sforzo e senza alcun senso di controllo volontario.

Questo è il nostro sistema di reazione istintivo e si basa su euristiche (scorciatoie mentali) e pregiudizi.

Ad esempio, quando vediamo una faccia arrabbiata, il Sistema 1 può immediatamente segnalare una minaccia, provocando una risposta emotiva. O quando sentiamo una domanda del tipo "Quanto fa 2 + 2?", conosciamo istintivamente la risposta senza pensare.

Tuttavia, sebbene il sistema 1 sia eccellente nel gestire compiti familiari e nel prendere decisioni rapide, è anche soggetto a errori. Può essere facilmente ingannato da illusioni visive, trarre conclusioni basate su informazioni limitate ed essere influenzati da pregiudizi cognitivi.

Il "Sistema 2", invece, è associato a operazioni mentali più lente, più caute e più logiche.

È il sistema che utilizziamo di fronte a un problema complesso, quando valutiamo una decisione importante o quando pensiamo alle conseguenze delle nostre azioni.

Il pensiero critico, come già anticipato, cade sotto l'influenza del Sistema 2 perché richiede di valutare attentamente le informazioni, valutare le alternative e sospendere il giudizio.

Tuttavia, il sistema 2 richiede più energia e può diventare "lento". Può fare troppo affidamento sul Sistema 1 per prendere decisioni, soprattutto quando siamo stanchi, distratti o sopraffatti.

Kahneman suggerisce che, sebbene questi due sistemi siano distinti, interagiscono continuamente tra loro.

Il sistema 1 fornisce continuamente al sistema 2 suggerimenti e feedback.

Se il sistema 2 concorda con la valutazione o l'impressione del sistema 1, seguirà il suggerimento.

In caso contrario, il sistema 2 può intervenire e regolare la risposta. Ciò che è particolarmente interessante è che il nostro ambiente e le nostre esperienze possono modellare il modo in cui questi sistemi interagiscono.

Ad esempio, in un ambiente familiare o quando siamo rilassati, potremmo fare maggiore affidamento sul sistema 1.

Tuttavia, in situazioni nuove o stressanti, il sistema 2 può prendere il controllo.

Le differenze tra il sistema 1 e il sistema 2 hanno profonde implicazioni sul modo in cui prendiamo decisioni nella vita quotidiana, su come percepiamo il mondo e su come interagiamo con gli altri.

Ad esempio, nella pubblicità, spesso le aziende cercano di attivarci il sistema 1 per evocare risposte emotive.

Nell'istruzione, gli insegnanti possono utilizzare strategie che incoraggiano l'attivazione del Sistema 2 per promuovere il pensiero critico e il pensiero profondo.

Comprendere la dualità del nostro pensiero non solo questo ci permette di riflettere sulle nostre scelte e comportamenti, ma ci fornisce anche gli strumenti per migliorare il processo decisionale, ridurre gli errori e migliorare il nostro pensiero critico.

Arriviamo infine ai giorni nostri: l'avvento del XXI secolo e il rapido sviluppo della tecnologia digitale, il pensiero critico ha acquisito nuove dimensioni e nuove sfide.

La capacità di valutare le fonti di informazione, riconoscere informazioni fuorvianti o manipolate e navigare nel vasto mare di contenuti online richiede acute capacità critiche.

Nel panorama dei social media, dove le informazioni sono spesso presentate senza un contesto adeguato e dove le camere di risonanza possono rafforzare pregiudizi e percezioni errate, il pensiero critico diventa una bussola essenziale.

Questa nuova era richiede una combinazione delle tradizionali capacità di pensiero critico con una nuova "alfabetizzazione digitale", che aiuti le persone a navigare, comprendere e valutare il mondo digitale in cui vivono.

In futuro, con l'emergere di tecnologie come l'intelligenza artificiale e la realtà virtuale, i confini del pensiero critico continueranno ad espandersi, richiedendo nuovi modi di comprendere e interrogare il mondo che ci circonda.

Componenti del pensiero critico

Il pensiero critico è un insieme di attività mentali, tra le quali ritroviamo:

Analisi:

Si tratta di esaminare informazioni o idee in dettaglio, scomponendole nelle loro parti componenti per comprenderle meglio.

Valutare:

Ciò comporta la valutazione delle informazioni e la valutazione della loro veridicità, valore o rilevanza.

Sintetico:

Collegare insieme idee o informazioni per formare un'immagine coerente.

Riflessione:

Esamina e rivedi le tue convinzioni, supposizioni e idee sulla base di nuove informazioni o esperienze.

Applicazione:

Utilizzare conoscenze o informazioni in nuovi contesti o situazioni.

CAPITOLO 2

FILONI INTERPRETATIVI DEL PENSIERO CRITICO

Nel corso della storia del pensiero, il concetto di "pensiero critico" è stato oggetto di numerose interpretazioni e riflessioni.

Alcune di queste tendenze interpretative sono emerse in risposta a specifici contesti storici e culturali, mentre altre sono emerse dagli sforzi di sintetizzare e integrare diverse tradizioni di pensiero.

In questo capitolo approfondiremo i diversi percorsi seguiti dal pensiero critico, esaminando le diverse sfumature e le ricche trame che compongono questo concetto fondamentale.

Il pensiero critico nella tradizione socratica

Come accennato in precedenza, l'antica Grecia offre uno dei primi esempi di pensiero critico, soprattutto attraverso la figura di Socrate.

Tuttavia, la sua interpretazione del pensiero critico non è un semplice esercizio di logica o di analisi. Per Socrate il pensiero critico è profondamente connesso al concetto di "anamnesi" o memoria. Questa idea socratica sostiene che la verità esiste già dentro di noi e che attraverso il processo di indagine possiamo "ricordare" o riscoprire queste verità universali. Quindi, mentre il metodo socratico sottolinea l'importanza del dibattito e delle domande, esiste anche una profonda dimensione epistemologica nel modo in cui ci avviciniamo e comprendiamo la verità.

Razionalismo ed empirismo

Avanzando nella storia della filosofia, incontriamo due correnti principali che hanno avuto una profonda influenza sulla natura del pensiero critico:

razionalismo ed empirismo.

I razionalisti, come René Descartes, credevano che la ragione fosse la fonte fondamentale della conoscenza.

Cartesio, con la sua famosa opera "Cogito, ergo sum" (penso, dunque sono), pose la contemplazione e il dubbio come fondamento del pensiero critico.

Crede che attraverso un ragionamento logico rigoroso si possa arrivare a verità indiscutibili.

D'altra parte, empiristi come John Locke e David Hume sostenevano che la nostra conoscenza deriva principalmente dall'esperienza sensoriale.

Per loro, il pensiero critico è un processo di sintesi e analisi delle impressioni sensoriali, valutandone la coerenza e la rilevanza nella formazione di concetti e idee.

Questi due approcci apparentemente contraddittori costituiranno in realtà la base per molte future discussioni filosofiche sul pensiero critico, poiché entrambi sottolineano l'importanza della riflessione, della valutazione e dell'analisi nel processo di formazione della conoscenza.

Pensiero critico e modernità

Con l'Illuminismo e lo sviluppo della scienza moderna, il pensiero critico ha assunto nuove dimensioni.

Il metodo scientifico, che enfatizza la sperimentazione, l'osservazione e la verifica, è diventato un'importante forma di pensiero critico.

Pensatori come Immanuel Kant cercarono di sintetizzare la tradizione razionale ed empirista, proponendo che, sebbene la nostra conoscenza inizi con l'esperienza, la ragione gioca un ruolo importante nel dare forma a quella conoscenza. Kant sottolineava l'importanza della "critica" nel senso di valutare rigorosamente i limiti e le potenzialità della ragione umana.

Con il progredire del XIX secolo, troviamo poi figure come Friedrich Nietzsche che sfidano le nozioni tradizionali di verità e razionalità.

Nietzsche sosteneva che la "volontà di potenza" è la forza trainante fondamentale dietro ogni azione umana e che le nozioni tradizionali di verità e razionalità sono in realtà strutture che servono specificamente gli interessi del potere.

Nel corso della storia del pensiero, il concetto di "pensiero critico" è stato oggetto di numerose interpretazioni e riflessioni. Alcune di queste tendenze interpretative sono emerse in risposta a specifici contesti storici e culturali, mentre altre sono emerse dagli sforzi di sintetizzare e integrare diverse tradizioni di pensiero.

Marxismo e pensiero critico

Un'altra tendenza interpretativa fondamentale nella storia del pensiero critico deriva dalla tradizione marxista.

Karl Marx e Friedrich Engels hanno offerto una critica radicale alla società capitalista, sottolineando come le strutture economiche influenzino profondamente la coscienza umana e la percezione della realtà. Per Marx, la critica dell'economia politica non era solo un'analisi teorica ma anche un mezzo per comprendere le contraddizioni intrinseche al capitalismo.

L'approccio marxista al pensiero critico si concentra sulla critica dell'ideologia. L'ideologia, da questo punto di vista, non è un semplice insieme di idee; è un sistema di credenze che serve a nascondere le relazioni di potere sottostanti e a legittimare l'ordine sociale esistente.

In questo contesto, il pensiero critico diventa uno strumento per "demistificare" l'ideologia e rivelare le reali dinamiche di potere che sostengono la società.

La Scuola di Francoforte e la teoria critica

Mentre Marx gettò le basi per la critica sociale radicale, fu la Scuola di Francoforte, un gruppo di intellettuali tedeschi del XX secolo, a portare il pensiero critico a un nuovo livello.

Figure come Max Horkheimer, Theodor Adorno e Herbert Marcuse svilupparono quella che è diventata nota come "teoria critica".La teoria critica differisce dagli altri approcci marxisti ponendo maggiore enfasi sull'importanza della cultura, della comunicazione e della psicologia nel plasmare la coscienza sociale.

Horkheimer e Adorno, nella loro "Dialettica dell'Illuminismo", esplorarono come l'Illuminismo potesse agire contro se stesso, portando alla razionalizzazione e alla reificazione dell'esperienza umana.

Marcuse, in "The One-Dimensional Man", ha analizzato come le società industriali avanzate limitino il potenziale del pensiero critico creando una cultura conformista e unidimensionale.

Per questi pensatori, la teoria critica non è solo una riflessione teorica ma anche un imperativo morale per la trasformazione sociale.

Pensiero critico e postmodernismo

La fine del XX secolo ha visto l'emergere del postmodernismo come importante movimento interpretativo del pensiero critico. Pensatori come Jean-François Lyotard, Jacques Derrida e Michel Foucault hanno messo in discussione le grandi narrazioni e le verità universali, sostenendo che la conoscenza è inestricabilmente legata al potere e al contesto storico.

In particolare, Foucault ha esplorato il modo in cui le istituzioni sociali, come le prigioni, gli ospedali e le scuole, modellano la nostra comprensione di noi stessi e del mondo.

Ha introdotto il concetto di "epistemologia" per descrivere le strutture intellettuali che definiscono una particolare epoca e come queste strutture influenzano ciò che è considerata "verità".

Questi pensatori postmoderni hanno ampliato la portata del pensiero critico, sottolineando l'importanza del linguaggio, del discorso e delle pratiche di potere nella formazione della conoscenza.

Il pensiero critico, come concetto, ha una storia ricca e sfaccettata, da Socrate a Foucault, ogni epoca offre nuove sfumature e prospettive su come dovremmo pensare, valutare e interrogare il mondo che ci circonda.

E mentre le definizioni e le spiegazioni possono variare, l'essenza del pensiero critico – la capacità di mettere in discussione, riflettere e cercare di comprendere meglio – rimane costante nel corso dei secoli.

CAPITOLO 3

MODELLO INTEGRATO PER IL PENSIERO CRITICO

Nell'era dell'informazione e dell'iperconnettività, il pensiero critico sembra essere una competenza essenziale.

Ma come orientarsi tra le diverse tendenze e modalità interpretative che lo definiscono?

Da qui la necessità di un modello integrativo, una struttura capace di abbracciare e sintetizzare diversi approcci al pensiero critico, garantendo al contempo flessibilità e adattabilità alle diverse sfide cognitive del 21° secolo.

Un modello di pensiero critico integrato deve innanzitutto incorporare la capacità di mettere in discussione e riflettere su informazioni e idee da molteplici prospettive.

Ciò significa riconoscere e valutare le fonti, contestualizzare le informazioni, riconoscere e analizzare i pregiudizi e applicare diversi metodi analitici.

L'obiettivo finale di questo modello integrato è fornire un approccio globale al pensiero critico.

Non è semplicemente un insieme di tecniche o strategie ma uno stato d'animo, un modo di interagire con il mondo.

Ci incoraggia a essere curiosi, aperti, premurosi e meticolosi nel nostro modo di pensare.

E, cosa forse più importante, ci spinge a riconoscere la complessità e la diversità delle prospettive, valorizzando la diversità di pensiero come una risorsa piuttosto che come un ostacolo.

I concetti più tradizionali del pensiero critico parlano di un insieme di azioni che possono essere applicate a idee esistenti, ma non rappresentano l'emergere di idee o pensieri originali.

La capacità di pensare in modo creativo è spesso associata alla capacità di pensare in modo critico.

I processi di pensiero critico e creativo si combinano quindi per formare un processo di pensiero orientato all'azione su larga scala caratterizzato da un pensiero complesso.

Il modello di pensiero integrativo vede le capacità di pensiero complesso come un sistema interattivo piuttosto che come un insieme di abilità discrete.

Descrive anche le diverse fasi del pensiero e il modo in cui si relazionano tra loro.

Il pensiero di base, il pensiero critico e il pensiero creativo sono le tre componenti principali del pensiero complesso, rappresentate dai tre cerchi che circondano il nucleo del pensiero complesso.

Il contenuto o pensiero di base è definito come le abilità, le tendenze e le preferenze che richiedono l'apprendimento di contenuti specifici, come contenuti accademici di base o conoscenze generali, e la ricerca di tali contenuti dopo l'apprendimento.

Questa conoscenza basata sui contenuti interagisce costantemente con il pensiero critico, creativo e complesso perché è il fondamento su cui si costruisce la conoscenza.

Sebbene la teoria alla base di un modello integrato sia basilare è però nell'applicazione pratica che emerge il suo vero valore Vediamo, quindi, come questo modello può essere utilizzato in diversi contesti e sfide nella vita quotidiana e professionale.

Nel mondo professionale

Le organizzazioni moderne operano in contesti sempre più complessi, caratterizzati da rapidi cambiamenti tecnologici, globalizzazione e diversità culturale.

In un tale contesto, gli esperti devono essere in grado di valutare rapidamente una grande quantità di informazioni, spesso contraddittorie, e prendere decisioni informate.

Team multidisciplinari

In molte aziende è comune avere team composti da esperti provenienti da diversi settori.

Un ingegnere può lavorare a stretto contatto con un designer, un esperto di marketing e un analista finanziario.

Diventa importante la capacità di comprendere e valutare prospettive diverse.

Il modello integrativo facilita questa interazione, fornendo un linguaggio comune e strumenti di pensiero che trascendono le barriere disciplinari.

Gestire la complessità

Leader e manager spesso affrontano problemi che non hanno una soluzione semplice o ovvia.

Questi problemi "malvagi", come vengono spesso chiamati, richiedono un approccio che tenga conto di molte variabili e stakeholder.

Il pensiero critico integrato fornisce un quadro per analizzare queste sfide da diverse prospettive, valutare le opzioni e prevedere le potenziali conseguenze.

Nell'istruzione

L'istruzione è un altro ambito in cui un modello integrato può apportare vantaggi significativi.

In un'era in cui l'apprendimento permanente sta diventando la norma, gli educatori devono preparare gli studenti non solo con conoscenze specifiche ma anche con la capacità di apprendere, pensare e adattarsi.

Programmi interdisciplinari

Sempre più istituzioni educative riconoscono il valore dei programmi interdisciplinari, in cui gli studenti sono esposti a diverse discipline e incoraggiati a creare collegamenti tra di loro.

Il modello integrato fornisce la base teorica per queste iniziative, sottolineando l'importanza della flessibilità e del pensiero critico in un mondo in rapido cambiamento.

Promuovere il pensiero indipendente

Oggi più che mai, gli studenti devono essere preparati a navigare in un mondo inondato di informazioni, spesso contrastanti.

Il modello integrato insegna agli studenti come interrogare le fonti di informazione, riconoscere i pregiudizi, contestualizzare le informazioni e applicare vari metodi analitici, preparandoli a diventare cittadini informati e consapevoli.

Nella vita di tutti i giorni

Forse l'area più importante in cui applicare il pensiero critico è la nostra vita quotidiana.

Viviamo in un'epoca di polarizzazione, disinformazione e rapidi cambiamenti.

Ogni giorno siamo chiamati a fare delle scelte, grandi o piccole, in base alle informazioni che riceviamo.

Il modello integrato ci aiuta a navigare in questo panorama complesso, fornendo gli strumenti necessari per riflettere sulle nostre decisioni, interrogare le nostre fonti di informazione e rimanere aperti a nuove idee e nuove prospettive.

Questo ci incoraggia a diventare consumatori attivi, consapevoli e premurosi delle informazioni piuttosto che passivi.

CAPITOLO 4

FONDAMENTI DEL PENSIERO CRITICO

C ritico è una parola spinosa perché è varia nel linguaggio naturale, quando si parla di critica nel linguaggio non filosofico si segue un criterio, un giudizio e si rende oggetto qualcosa.

Il critico musicale non dice se una canzone è bella oppure no ma la rende oggetto e la confronta con altre cose come l'evoluzione di un gruppo o lo scioglimento dello stesso.

Il primo oggetto di critica è quello di portare a tema qualcosa, come abbiamo già detto, la critica ha a che fare con un'attitudine riflessiva, che riconsidera le proprie convinzioni.

Con la riflessione si ritorna quindi sulle proprie idee, si rivedono i propri giudizi e le proprie considerazioni fino ad arrivare anche a correggersi.

Si parla di critica anche nel linguaggio comune quando siamo autonomi senza essere influenzati dagli altri, in questo si prende in considerazione il concetto di autonomia, la quale presuppone i non assoggettamenti ai luoghi comuni dominanti e quindi il pensare con la propria testa.

Criticare significa scegliere e quindi giudicare proprio come nel caso della critica musicale o letteraria.

Critico ha però anche un significato simile a criterio, discernimento e analisi.

Possiede capacità critica chi non si assoggetta ai luoghi comuni dominanti e ha la forza e il coraggio di pensare con la propria testa.

Quindi, in sostanza esso, implica un processo di ripensamento, di ritorno alla propria opinione e di modifica del proprio giudizio e tutto ciò può portare a modifiche.

Il pensiero critico aiuta ad ammorbidire i presupposti di base che pregiudicano: e quindi quei giudizi che vengono espressi prima che qualsiasi cosa venga accettata.

Questo ci aiuta a eliminare i nostri pregiudizi, abbattere gli stereotipi e pensare in modo indipendente senza seguire la mentalità prevalente, è quindi una forma di distanza dall'opinione popolare.

In filosofia, la critica è un compito positivo e necessario del pensiero, ed è importante quanto parlare di metacognizione.

Una posizione critica in filosofia si occupa di pensare a un problema particolare, quindi il pensiero critico è metacognitivo.

Basti pensare alla storia della filosofia, il pensiero critico si manifesta come un processo di interrogazione e riflessione continua sul mondo, sull'esistenza e sulla natura della conoscenza.

Da quando Socrate camminava per le strade di Atene e poneva domande provocatorie ai suoi concittadini, la filosofia incarna l'essenza del pensiero critico.

Non si tratta solo di porre domande, ma di mettere in discussione i fondamenti stessi delle nostre convinzioni, spingendoci a esaminare presupposti nascosti e sondare i limiti della nostra conoscenza.

Cartesio, con dubbi sul suo metodo, cercò di trovare una base indiscutibile per la conoscenza.

Kant, attraverso la sua "Critica della ragion pura", mise in discussione le condizioni stesse della capacità di percepire.

Anche figure contemporanee, come Foucault, hanno esaminato come il potere e la conoscenza interagiscono, influenzando ciò che consideriamo "vero" o "naturale".

In ogni epoca e in ogni angolo del mondo filosofico, il pensiero critico si è rivelato necessario per ampliare i confini del nostro pensiero e approfondire le nostre comprensioni più basilari.

Lo sforzo che deve essere fatto riguarda quindi la realizzazione di pensieri che soddisfino la completa mancanza di presupposti.

Anche in filosofia questo arriva in gran parte attraverso le mani di Kant.

Come già anticipato infatti Kant grazie alla sua "critica della ragion pura" parla del giudizio proprio perché in filosofia sono molto presenti gli sforzi metacognitivi sui propri presupposti.

Quando si parla di metacognizione consideriamo qualcosa nel senso di rifletterci, meta significa andare oltre perché nella comunicazione non sono completamente chiari i processi argomentativi o persuasivi, non si stanno effettuando solo delle strategie ma si specchia anche su determinate argomentazioni rendendole l'oggetto.

Non ci si limita ad avere processi cognitivi ma si va oltre riflettendo su questi.

La differenza tra la persuasione e la correttezza dell'argomento è presente fin dagli arbori, già gli antichi hanno appreso come la correttezza logica sia accompagnata da una dimensione non logica ma di retorica e questa può essere intesa erroneamente in senso negativo nel senso di manipolazione della verità oppure si può considerare come vera retorica, non manipolatoria ma che serve; questa è ciò che sarà poi chiamato: dialettica.

La vera retorica ha a che fare non tanto con il logos e cioè con la correttezza del pensiero ma con il pathos e cioè la dimensione dell'essere umano che non è specificamente razionale ma è emotiva, passionale e sentimentale.

Il pathos si relaziona con la dimensione emotiva e la retorica e perciò a differenza delle logiche ha che fare con il pathos e quindi la distinzione tra logos e pathos è fondamentale soprattutto quando si parla di comunicazione, poichè da un punto di vista della struttura dell'uomo, si può considerare l'unità dell'essere umano come formata da due dimensioni; una razionale e l'altra che invece è emozionale, la prima è attiva e riflessiva e critica e l'altra è passiva nel senso che ha a che fare con le emozioni e sentimenti.

PENSIERO CRITICO E SCETTICISMO

Il pensiero critico e lo scetticismo sono due concetti intrecciati, entrambi necessari per comprendere e apprezzare profondamente il mondo che ci circonda.

Entrambi rappresentano modi di pensare che sfidano, mettono in discussione e analizzano, ma la loro relazione è sottile e sfumata.

Lo scetticismo, nelle sue varie forme, è un movimento filosofico che mette in discussione la possibilità di certezza della conoscenza.

Gli scettici si sono posti domande fondamentali sulla capacità della mente umana di percepire con sicurezza il mondo esterno sin dai tempi dei Greci.

Ad esempio, Pirrone dell'Elide sosteneva che dovremmo astenerci dal fare certe affermazioni perché tutto ciò che percepiamo può essere illusorio o fuorviante.

La connessione tra scetticismo e pensiero critico è evidente nella pratica di porre domande.

Entrambi incoraggiano le persone a non ricevere passivamente informazioni ma piuttosto a interrogarsi, riflettere e cercare prove o giustificazioni.

Mentre lo scetticismo può mettere in discussione la natura della conoscenza o della realtà stessa, il pensiero critico spesso adotta un approccio simile alle informazioni e alle affermazioni specifiche che incontriamo nella vita quotidiana.

Nonostante le somiglianze, è essenziale riconoscere anche le differenze tra questi due modi di pensare e mentre lo scetticismo può portare a una sospensione del giudizio o addirittura alla negazione delle capacità cognitive, il pensiero critico è generalmente più pragmatico.

Implica valutare le informazioni in modo equilibrato, cercare prove e ragionare in modo logico, ma non nega necessariamente la possibilità di raggiungere conclusioni ragionevoli.

In un'era caratterizzata da un sovraccarico di informazioni, notizie false e retorica polarizzante, lo scetticismo e il pensiero critico sono essenziali.

Mentre lo scetticismo ci insegna a diffidare delle certezze assolute, il pensiero critico ci fornisce gli strumenti per navigare in un mare di informazioni, permettendoci di valutare le prove, valutare le risorse e prendere decisioni informate.Il pensiero critico e lo scetticismo, sebbene distinti, sono due facce della stessa medaglia filosofica.

Offrono un antidoto al dogmatismo e alla creduloneria e insieme formano una potente difesa contro l'inganno e l'illusione.

In un mondo complesso e sfaccettato, entrambi questi elementi restano essenziali per chi vuole apprendere, valutare e agire con saggezza.

RENDERE EFFICIENTE IL PENSIERO CRITICO
Il pensiero critico, come abilità, non si ferma.

Può e deve essere modificato e migliorato per garantire che funzioni al massimo delle sue potenzialità.

Il pensiero critico efficace e agile, mirato e in grado di analizzare le informazioni in tempo reale, effettuare valutazioni accurate e decisioni ponderate.

Ma come possiamo rendere più efficace il nostro pensiero critico?

La base di un pensiero critico efficace è la curiosità insaziabile. Ciò significa rimanere aperti a nuove informazioni, chiedersi il "perché" delle cose e cercare di capire piuttosto che semplicemente accettare.

La curiosità intellettuale è il carburante che alimenta il fuoco del pensiero critico, motivandoci a esplorare, mettere in discussione e apprendere.

Viviamo in tempi di rapidi cambiamenti e la conoscenza è in continua evoluzione. La formazione continua, attraverso letture, seminari, lezioni e discussioni, ci mantiene aggiornati.

Una base di conoscenze solida e aggiornata è essenziale per poter valutare le informazioni nel giusto contesto e da diverse prospettive.

Esercitati deliberatamente

Come ogni altra abilità, il pensiero critico si apprende attraverso la pratica.

Ciò non significa solo usarlo quando necessario, ma anche impegnarsi in regolari esercizi mentali, come la risoluzione di problemi, la discussione di argomenti complessi o la valutazione di casi di studio.

La pratica deliberata rafforza le connessioni neurali coinvolte nel pensiero critico, rendendolo più automatico e intuitivo.Fondamentale per uno sviluppo del pensiero critico ottimale è imparare a gestire le informazioni e di conseguenza anche le distrazioni.

In un mondo di notifiche costanti, multitasking e informazioni non-stop, imparare a gestire le distrazioni è essenziale.

Una mente distratta non può analizzare in modo efficace, creare un ambiente favorevole alla riflessione, stabilire momenti per "disconnettersi" e anche apprendere tecniche di concentrazione possono aiutare a focalizzare la mente e rendere il pensiero critico più efficace.

Infine, come per ogni processo di miglioramento, è essenziale valutare periodicamente il proprio pensiero critico.

Questo può essere fatto attraverso l'autovalutazione o, meglio ancora, attraverso il feedback di colleghi, mentori o esperti del settore.

Il feedback fornisce una visione esterna delle nostre capacità e ci mostra dove possiamo migliorare.

Rendere efficace il pensiero critico non è un compito da poco, ma è un investimento che paga enormi dividendi.

Una mente critica acuta è una risorsa inestimabile, capace di navigare in un mondo complesso con comprensione, intuizione e saggezza.

Con impegno, formazione e pratica, possiamo trasformare il nostro pensiero critico in uno strumento acuto e potente, pronto ad affrontare le sfide del XXI secolo.

CAPITOLO 5
PENSIERO CRITICO, CREATIVO E COMPLESSO

Nell'immaginario comune pensiero critico, pensiero creativo e pensiero complesso possono apparire come percorsi separati, destinati a non incontrarsi mai.

In effetti, questi tre modi di pensare non solo si intersecano ma operano anche con profonda sinergia, collaborando in una danza intellettuale necessaria per affrontare le sfide del nostro tempo.

Il pensiero critico funziona come un filtro, aiutandoci a percepire e valutare.

Lui chiede:

"Quali informazioni sono corrette?

Quale argomento è valido?"

In questo processo, eliminiamo ciò che è irrilevante o sbagliato.

Ma l'analisi da sola può essere limitante.

È qui che entra in gioco il pensiero creativo, ampliando le possibilità.

Mentre il pensiero critico diminuisce, il pensiero creativo esplora, sogna e immagina.

Tuttavia, questo impulso creativo ha bisogno di una direzione, di una mappa che riunisca le complessità.

Questa mappa è alimentata dal pensiero complesso, permettendoci di visualizzare e navigare in reti complesse di relazioni, causa ed effetto.

La chiave della loro cooperazione sta nel completarsi a vicenda.

Il pensiero critico aggiunge precisione, il pensiero creativo aggiunge apertura e il pensiero complesso aggiunge profondità.

Di fronte a un problema, possiamo iniziare con la fase creativa, generando idee e potenziali soluzioni.

Applichiamo quindi il pensiero critico per valutare queste idee, filtrando quelle che sono poco pratiche o poco pratiche.

Infine, utilizziamo il pensiero della complessità per capire come queste idee si inseriscono in un sistema più ampio, prevedendo potenziali impatti e interazioni.

Un esempio specifico:

Consideriamo il processo di sviluppo di una nuova tecnologia. L'innovazione inizia nella fase creativa, in cui gli ingegneri immaginano caratteristiche rivoluzionarie.

Ma non tutte queste idee sono realizzabili:

Il pensiero critico entra in gioco per valutare i limiti, sia economici che fisici.

Una volta scelto un concetto, il pensiero complesso guida l'integrazione di questa nuova tecnologia nei sistemi esistenti, tenendo conto delle numerose variabili e possibili ramificazioni.

PENSIERO CRITICO

Il pensiero critico è la riorganizzazione dinamica della conoscenza attraverso: valutazione, analisi e sintesi.

La capacità di valutare è la capacità di giudicare qualcosa confrontandolo con uno standard.

Si tratta di riconoscere e applicare gli standard in diverse situazioni.

Il processo di prendere decisioni circa l'accuratezza, l'adeguatezza o l'accettabilità di determinati dati è chiamato valutazione.

La valutazione delle informazioni richiede competenze quali:

-saper analizzare l'affidabilità e l'utilità delle informazioni

-distinguere tra informazioni utili e inutili.

-trovare criteri per valutare prodotti e idee.

-riconoscere gli errori nel ragionamento, come falsità e ambiguità.

-convalidare ipotesi e argomentazioni convalidando la realtà.

Poi troviamo l'analisi della conoscenza esistente, che include funzionalità quali:

-identificare l'organizzazione su cui si basa l'idea

-classificare le cose in base a caratteristiche comuni. Identificare ipotesi, presupposti e convinzioni che sono alla base di una posizione

-identificare l'idea principale e separala dalle idee secondarie

-trovare l'ordine o la sequenza di informazioni in ordine organizzato

-determinare o far rispettare le relazioni tra gli insiemi analizzati fa parte della funzione di integrazione.

PENSIERO CREATIVO

Le componenti principali del pensiero creativo sono la sintesi, l'immaginazione e l'elaborazione delle informazioni.

Associati a questi elementi ci sono le capacità di pensiero critico.

Il pensiero critico utilizza abilità più oggettive per comprendere le informazioni, mentre il pensiero creativo utilizza abilità più personali e soggettive per generare nuova conoscenza.

Quest'ultimo include attività come l'immaginazione, la creazione di un'immagine mentale e altre come avere intuizione e idee che possono divenire ipotesi.

Fondamentale nel pensiero creativo è l'elaborazione delle informazioni che significa; dare un significato personale alle informazioni sul processo di sviluppo dell'esperienza e dell'idea.

L'elaborazione delle informazioni richiede molte competenze, quali:

-modificare le idee per scopi diversi

-applicare le idee a nuovi contesti

-applicare le idee a nuove categorie di pensiero

-espandere le informazioni con dettagli o esempi

-mettere in pratica idee comuni fornendo esempi e applicazioni

PENSIERO COMPLESSO

L'interazione tra pensiero critico e creativo produce nel soggetto l'esercizio di capacità di *pensiero complesso*:

-progettazione (*designing*)
-assunzione di scelte, presa di decisione (*decision making*)
- risoluzione di problemi (*problem solving*).

L'abilità di *problem solving* rappresenta il perseguire sistematicamente un obiettivo, che solitamente è la soluzione di un problema che una situazione presenta.

La risoluzione dei problemi comprende delle fasi e abilità, come:

- percezione del problema (intuizione, individuare ipotesi);
- ricerca del problema (accertare le informazioni);
- formulazione del problema (riassumere, concretizzare);
- trovare alternative (estendere, modificare);
- scegliere la soluzione (determinare i criteri, definire le priorità).

- *Progettare* indica inventare o realizzare prodotti o idee in qualche forma che può essere artistica, scientifica o meccanica.

Il *designing* comprende i seguenti passaggi e le loro relative nozioni:

- immaginare un obiettivo (investigare, visualizzare);
- formulazione di un obiettivo (individuare relazioni causali);

- inventare un prodotto (pianificare, concretizzare);
- valutare il prodotto (determinare i criteri);
- revisionare (espandere, modificare).

-*Assumere decisioni* implica la selezione di alternative in modo razionale e sistematico, e fa riferimento alla manipolazione di criteri oggettivi e soggettivi.

Il processo decisionale comprende i seguenti passaggi:

- determinazione di un problema (identificare l'idea principale);
- generare alternative (estendere, cambiare categorie);
- valutazione conseguenze (confrontare/mettere in contrasto;
- fare una scelta (pensare logicamente, inferire);
 valutare le scelte (verificare, intuire).

Il pensiero critico, creativo e complesso non sono solo metodi distinti di risoluzione dei problemi, ma tre facce della stessa medaglia, ciascuno dei quali rafforza e arricchisce l'altro.

La loro forza combinata ci consente di affrontare i problemi in modo olistico, dalla generazione delle idee alla loro implementazione e integrazione.

In un mondo sempre più complesso e in rapido cambiamento, padroneggiare queste tre modalità di pensiero diventa non solo utile ma necessario.

CAPITOLO 6

ATTEGGIAMENTI CRITICI E STRATEGIE ARGOMENTATIVE

Cosa intendiamo, quindi, quando parliamo di atteggiamenti critici?

La polemica differisce dalla critica e dall'importanza della conoscenza nella sua riflessività e obiettività (legata al pregiudizio).

Un pregiudizio è un'opinione basata su un'idea o atteggiamento personale. Non è gratuito, è limitato.

Quando si parla di "critica" in senso non filosofico, si intende anzitutto oggettivare qualcosa (critica musicale, critica letteraria, ecc.).

L'uso critico richiede anche la capacità di analizzare qualcosa.

Per questo motivo, quando parliamo di pensiero critico, parliamo anche di riflessione.

Un atteggiamento critico ha la capacità di trasformare le opinioni altrui, ma soprattutto di trasformare sé stesso.

Esamina le tue convinzioni e cambiale attraverso la riflessione.

La comunicazione è molto trasformativa, soprattutto quando si tratta di persuasione dell'interlocutore.

Un altro termine è infatti, "autonomia", ovvero l'idea che il pensiero critico vuole essere indipendente, quando pensiamo con la nostra testa, diventiamo critici.

Questo è importante quando si cerca di essere indipendenti dall'opinione pubblica.

Un atteggiamento critico è perciò un approccio mentale che incoraggia la curiosità, le domande e la sfida.

Implica la volontà di considerare affermazioni, ipotesi e informazioni con occhio critico, cercando coerenza, prove e accuratezza.

Contrariamente alla credenza popolare, la critica non significa necessariamente negatività o scetticismo, si tratta piuttosto del desiderio di andare oltre le apparenze, di cercare una comprensione più profonda e di affrontare la realtà con uno sguardo chiaro e informato.

Quando adottare un atteggiamento critico

Adottare un atteggiamento critico è particolarmente utile quando si affrontano situazioni che richiedono di prendere decisioni importanti, valutare affermazioni contrastanti o interpretare informazioni complesse.

Nelle interazioni accademiche, professionali o anche quotidiane, essere critici consente di riconoscere la qualità delle informazioni presentate e di esprimere giudizi informati.

È importante però rendersi conto che un atteggiamento critico costante può essere faticoso e non sempre è necessario.

A volte è più appropriato un approccio più aperto e ricettivo, soprattutto in situazioni che richiedono empatia, supporto o ascolto attivo.

Strategie argomentative:

La capacità di argomentare in modo efficace è strettamente legata ad un atteggiamento critico.

Se il pensiero critico ci fornisce una lente attraverso la quale vedere il mondo, le strategie di argomentazione sono gli strumenti che utilizziamo per comunicare agli altri le nostre osservazioni e conclusioni.

Vediamone qualcuna insieme

Ragionamento deduttivo:

Si basa su premesse generali per raggiungere una conclusione specifica.

Se le premesse sono vere e l'argomentazione è strutturata correttamente, allora la conclusione sarà certamente vera.

Argomentazione induttiva:

Partendo da osservazioni o casi specifici, si generalizza verso una conclusione più ampia. Questo tipo di argomentazione può essere forte ma implica sempre un certo grado di incertezza.

Argomentando per analogia:

Qui viene effettuato un confronto tra due situazioni, suggerendo che ciò che è vero in una situazione è vero anche nell'altra, a meno che non ci siano differenze significative tra loro.

Usa esempi e aneddoti:

Esempi specifici possono illustrare e rafforzare un punto, rendendo l'argomentazione più vivida e più facile da comprendere.

Riconoscere le opinioni opposte:

Una strategia di dibattito efficace riconoscerà e risponderà a potenziali obiezioni. Ciò non solo ha rafforzato la sua posizione, ma ha anche dimostrato la sua onestà intellettuale. Conclusione parziale. L'arte del dibattito e l'adozione di un atteggiamento critico sono elementi essenziali del pensiero razionale e della comunicazione efficace.

Entrambi ti consentono di navigare nel complesso panorama della conoscenza umana, affrontando le sfide intellettuali con chiarezza, precisione e apertura.

L'essenza dell'argomento:

Dialogo intrecciato

D'altro canto, le strategie di dibattito trasformano il terreno preparato da un atteggiamento critico in un dialogo costruttivo e in una discussione produttiva.

L'arte del dibattito non consiste semplicemente nell'affermare un punto di vista; è un invito al dialogo aperto, uno spazio in cui idee opposte possono coesistere, scontrarsi e forse integrarsi.

E se la capacità di discutere ci invita a esprimere e difendere le nostre opinioni, ci richiede anche di ascoltare, rispettare e considerare onestamente le opinioni degli altri.

Il rapporto simbiotico tra critica e dibattito

Atteggiamenti critici e strategie argomentative, pur diversi per ruolo e funzione, si intrecciano in un rapporto simbiotico che favorisce l'efficacia e la profondità di entrambi.

La critica senza la capacità di argomentare rischia di essere poco più che una contemplazione isolata, mentre l'argomentazione senza una critica fondamentale può facilmente diventare un esercizio retorico privo di significato. Responsabilità di criticare:

Impegno etico

Qui sorgono non solo questioni di logica o di efficacia della comunicazione, ma anche dilemmi morali ed etici.

La responsabilità che deriva dall'adozione di un atteggiamento critico e dall'utilizzo consapevole di strategie di argomentazione richiede un impegno per la verità, l'onestà intellettuale e il rispetto reciproco.

Si tratta di riconoscere e onorare il valore delle idee e dei partecipanti al dialogo, anche quando emergono differenze e disaccordi.

Dall'individuale al collettivo:

Ampliare la portata del dibattito

Quando l'arte del dibattito diventa un'abitudine condivisa, passiamo dall'individuo al collettivo, creando uno spazio in cui il pensiero critico può fiorire su un terreno comune.

La comunità, con la sua ricchezza di esperienze e prospettive, diventa terreno fertile per il dibattito critico, dove voci diverse possono risuonare, confrontarsi e arricchire il panorama della conversazione di vita.

Il pensiero critico non si sviluppa solo nell'isolamento ma anche attraverso sfide e riflessioni che nascono dalle interazioni sociali e dal dialogo.

La diversità delle voci e l'ampiezza delle esperienze arricchiscono il tessuto delle argomentazioni, portando nuove prospettive, sfide e dimensioni al discorso pubblico.

Qui, la capacità di mantenere un atteggiamento critico mentre si affrontano una moltitudine di idee diventa importante ma anche impegnativa.

Pratica l'ascolto attivo:

Base dell'argomentazione

Nel vasto mondo del dibattito e del pensiero critico, l'ascolto attivo è vitale.

Non solo accogliamo ciò che l'altra persona ha da dire, ma ci impegniamo anche a recepire criticamente le sue parole, a valutare, riflettere e rispondere in modo ponderato e ponderato.

Il dialogo critico diventa più ricco quando l'ascolto va oltre la superficie, sondando la profondità delle parole e delle idee espresse, scoprendo ciò che non viene detto e indagando le potenziali implicazioni nascoste.

In questa pratica si crea spazio per un potente connubio tra empatia e critica, in cui rispetto per le persone e rigore nella valutazione delle idee convivono e si rafforzano a vicenda.

Qui l'atteggiamento critico non è un freddo meccanismo analitico ma una capacità calda e umana, mista a curiosità, umiltà e profondo rispetto per la comune ricerca della verità.

Navigare tra consenso e dissenso:

L'arte del contenzioso civile

Le differenze di opinione e di disaccordo non sono solo inevitabili ma anche essenziali nel dialogo e nel dibattito critico.

In una società democratica e pluralistica, la capacità di affrontare il dissenso con onestà, rispetto e rigore intellettuale diventa una competenza essenziale.

Gli atteggiamenti critici e le strategie di argomentazione diventano strumenti essenziali per negoziare i confini tra il proprio pensiero e quello degli altri, tra l'accettazione e il rifiuto di idee diverse.

Ciò implica dualità:

Da un lato, mantenere la propria posizione e, dall'altro, rimanere aperti alle possibilità di cambiamento ed evoluzione attraverso l'incontro con idee e argomenti opposti.

In questo campo, l'atteggiamento critico e l'arte del dibattito si uniscono, contribuendo a mantenere la coerenza e l'integrità intellettuale mentre si naviga nelle acque talvolta turbolente del dibattito pubblico e della privacy.

Infine, etica e responsabilità nel discorso critico

L'aspetto etico del discutere e del mantenere un atteggiamento critico richiama la presenza della coscienza e la responsabilità non solo delle proprie parole e argomentazioni, ma anche degli altri e della realtà comune, costruita attraverso il dialogo.

Fedeltà alla verità, onestà intellettuale e consapevolezza dei propri pregiudizi e pregiudizi diventano il fondamento per costruire virtù del discorso critico autentico ed eticamente sostenibile.

Il pregiudizio verso la verità non implica solo l'accuratezza fattuale o la coerenza logica, ma dimostra anche l'umiltà nell'accettare i limiti della propria comprensione e la volontà di continuare a imparare e crescere.

A questo livello, la posizione etica critica incorpora una riflessività che consente un costante autoesame e la volontà di essere corretti e guidati dalla realtà della situazione e dalla saggezza degli altri.

CAPITOLO 7

APPLICAZIONE DELLE CONOSCENZE TEORICHE ALLA PRATICA PROFESSIONALE

 possibile definire il pensiero critico come un'attività deliberata che una persona deve intraprendere e svolgere. Le idee vengono valutate e le decisioni vengono prese.

Alcune definizioni di pensiero critico:

- Un insieme di processi cognitivi attivi, propositivi e organizzati che usiamo per porre domande.
- Processo per chiarire e migliorare la nostra comprensione dei nostri pensieri e di quelli degli altri. (Chaffee)
- Pensiero premuroso e razionale. Il suo scopo è decidere cosa credere e cosa fare. (Ennis)
- Risposte ragionevoli a domande a cui non è possibile rispondere in modo definitivo.
- L'obiettivo è quello di analizzare una situazione, un fenomeno, una domanda o un problema e trarre conclusioni.
- Un'ipotesi o conclusione che integra tutte le informazioni disponibili e rende quindi possibile una giustificazione convincente

Pensi di usare il pensiero critico nella tua vita quotidiana?

Domande che puoi porti per auto-analizzarti.

• Esamini i pensieri e le convinzioni che sono alla base dei tuoi sentimenti ed emozioni?

• Esprimi la tua opinione solo quando hai tutti i dati necessari?

• Ti fidi delle fonti utilizzate per sostenere le tue convinzioni? Valutare il genere?

• Distingui tra fatti, opinioni e interferenze?

• Se non capisci qualcosa, chiedi chiarimenti?

• Analizza attentamente cosa è andato storto e pensa a modi per evitare ulteriori errori

• Combatti la tendenza credere che ogni domanda debba avere una risposta?

Caratteristiche del pensiero critico

• Il pensiero critico è razionale e fondato

• Il pensiero critico richiede riflessione

• Il pensiero critico include sia abilità cognitive (pensiero) che atteggiamenti (sentimenti).

• Il pensiero critico include il pensiero creativo (tipico degli infermieri)

• Il pensiero critico richiede conoscenza

Atteggiamenti necessari allo sviluppo del pensiero critico

Pensiero autonomo:

Puoi analizzare in modo indipendente le informazioni, formare le tue opinioni e prendere decisioni basate su ragionamenti logici.

Umiltà intellettuale:

Conosci i tuoi limiti e riconosci quando hai bisogno di aiuto o di informazioni aggiuntive. Sii aperto ad imparare dagli altri e ad accettare prospettive diverse.

Coraggio intellettuale:

Abbi il coraggio di sfidare l'opinione popolare e il pensiero convenzionale, soprattutto se sembra ingiusto o sbagliato.

Sii disposto a sostenere ciò che ritieni giusto, anche se ciò significa resistenza o alienazione.

Empatia intellettuale:

Mettiti nei panni degli altri e cerca di capire le loro prospettive, sentimenti e motivazioni.

Evita i pregiudizi e cerca di capire le ragioni delle azioni e delle decisioni degli altri.

Coerenza intellettuale:

Cerca la verità e sii determinato a comprendere appieno le cose.

Resisti alla tentazione di offrire risposte semplici o superficiali e cerca soluzioni efficaci che richiedano una riflessione più profonda.

Curiosità intellettuale:

Siamo guidati dal nostro desiderio di conoscere e comprendere il mondo che ci circonda.

Poni domande, analizza i reclami e valuta l'efficacia delle informazioni. Sii disposto a sfidare le convinzioni esistenti ed esplorare nuove idee.

Motivo di fiducia:

La convinzione che il pensiero accurato e logico porti a conclusioni affidabili.

Abbi fiducia nel tuo processo di pensiero e basa le tue opinioni su prove e argomentazioni solide.

Obiettività:

In grado di giudicare le situazioni in modo imparziale, non influenzato da pregiudizi o interessi personali. Trattiamo tutte le prospettive in modo equo e consideriamo obiettivamente le informazioni disponibili.

Interessato ad esplorare pensieri e sentimenti:

Riconoscere l'interconnessione di pensieri e sentimenti e riconoscere la loro reciproca influenza.

Sii aperto all'esplorazione e alla comprensione sia del tuo modo di pensare che dei sentimenti ad esso associati.

Capacità proprie del pensiero critico cognitivo

• Comprensione:

atto di conoscere.

• Pensare:

Impegnarsi in processi mentali attivi, organizzati e orientati agli obiettivi che collegano le idee collegare logicamente percezioni, credenze, conoscenze, giudizi ed emozioni.

• Capacità di pensiero critico:

Rappresenta un'attività intellettuale utilizzata in processi complessi.

Quindi, come possiamo sviluppare il pensiero critico?

Condurre un'autovalutazione

Identificare i tuoi atteggiamenti esistenti di pensiero critico e comprendi come poterli sviluppare al meglio.

Contraddire il tuo punto di vista

Sospendere la valutazione dicendo "Non so" finché non si ricevono altre risposte, se si ritiene di non essere abbastanza preparati sull'argomento.

Informazione

• Considerare le situazioni che dimostrano un pensiero competente

• Partecipare a riunioni che incoraggiano discussioni aperte su tutti gli aspetti delle questioni.

Rispetta i punti di vista diversi dai tuoi

• Creare un ambiente che incoraggi il pensiero critico

• La leadership influenza il pensiero critico

• Creare un ambiente stimolante che incoraggi l'espressione di punti di vista diversi

• Evita il "pensiero di gruppo" sconsiderato in cui tutte le decisioni sono lasciate alla volontà del gruppo.

Praticare il pensiero critico

• La comprensione è più importante della memorizzazione

• fiducia nella propria capacità di comprendere informazioni e principi.

Pensiero critico

• Comprende sia gli atteggiamenti (emozioni) che le capacità cognitive

• Sii ragionevole e logico

• Richiede pensiero creativo

• Include abilità cognitive come l'uso del linguaggio, la percezione e le convinzioni.

Conoscenza, chiarezza, confronto, giudizio, valutazione, logica

• Includere attività intellettuali complesse come problem solving, ragionamento clinico e giudizi

CAPITOLO 8

PENSIERO CRITICO OGGI

Questo capitolo si concentra sulle basi del pensiero critico, inclusa la sua moderna definizione, la storia e i principali sostenitori.

Esplora anche gli elementi chiave del pensiero critico come l'analisi, la valutazione, la sintesi, l'interpretazione e le competenze necessarie per sviluppare il pensiero critico come l'osservazione, l'analisi e la risoluzione dei problemi.

Il pensiero critico è un'abilità essenziale nel mondo di oggi in cui le informazioni, le opinioni e le idee fluiscono costantemente.

Ma cos'è il pensiero critico oggi?

In sostanza, il pensiero critico è la capacità di analizzare, valutare, sintetizzare e interpretare le informazioni in modo accurato ed equilibrato.

Non si tratta solo di accettare criticamente ciò che viene presentato, ma di interrogare, interrogarsi e valutare attentamente ciò che vediamo, leggiamo e ascoltiamo.

Il pensiero critico ci consente di sviluppare una mentalità aperta, scettica ed introspettiva che ci consente di prendere decisioni informate, risolvere problemi complessi, creare soluzioni innovative e ci aiuta a comprendere il mondo che ci circonda in modo più profondo e accurato.

È una competenza trasversale che può essere applicata in molti contesti, dalla vita quotidiana e dal lavoro all'educazione e alla cittadinanza attiva.

Storia del pensiero critico e dei suoi principali esponenti

Il pensiero critico, come già anticipato, è profondamente radicato nella storia umana, e ci sono molti teorici e filosofiche abbiamo già affrontato in precedenza, che ne hanno sviluppato principi e teorie nel corso dei secoli, alcuni esempi sono appunto Socrate, Aristotele, René Descartes, John Locke, Immanuel Kant e molti altri.

Socrate è considerato uno dei primi pensatori critici della storia.

Il suo metodo di insegnamento, noto come "metodo socratico", consisteva nel porre domande critiche e stimolanti per stimolare la riflessione e la discussione, piuttosto che impartire informazioni in modo autoritario.

Egli riteneva che il pensiero critico fosse centrale nel processo di apprendimento e scoperta della verità.

Il filosofo greco Aristotele è noto per il suo approccio analitico e sistematico al pensiero critico, colui che sviluppò il concetto di logica diventando poi uno strumento fondamentale per valutare la validità e la coerenza degli argomenti.

La sua opera "Organon" è considerata uno dei primi trattati sulla metodologia della logica e della razionalità consolidata e di conseguenza del pensiero critico.

Oltre a quest'ultima ricordiamo anche la sua famosissima affermazione "Cogito, ergo sum" (penso, dunque sono) dove viene sottolineata l'importanza del dubbio e della riflessione critica come base per la costruzione della conoscenza.

Nel corso dei secoli, molti altri pensatori e filosofi hanno contribuito allo sviluppo del pensiero critico.

Un altro esempio è rappresentato dal filosofo francese del XVII secolo René Descartes, noto per il suo approccio scettico e razionale al pensiero critico.

John Locke, un filosofo inglese del XVII secolo, è noto per la sua teoria empirista del pensiero critico secondo cui l'esperienza sensoriale è la fonte primaria della conoscenza.

Proprio quest'ultimo sottolinea l'importanza di un'attenta osservazione e valutazione critica delle prove nella formazione di credenze e opinioni.

Immanuel Kant, filosofo tedesco del XVIII secolo, è noto per il suo pensiero critico sulla ragione e la moralità.

Quest'ultimo ha sostenuto che la ragione umana è la base del pensiero critico e che la moralità deve essere guidata da principi razionali e universali.

Tutti questi grandi pensatori insieme hanno contribuito a fondare l'ideale di pensiero critico che noi tutti intendiamo oggi.

Elementi chiave del pensiero critico: analisi, valutazione, sintesi, interpretazione

Il pensiero critico è costituito da diversi elementi chiave che lavorano insieme per creare un processo di pensiero ponderato e preciso: questi elementi includono analisi, valutazione, sintesi e interpretazione, come abbiamo già visto in precedenza, ma scendiamo un po' più nello specifico:

- L'analisi è la capacità di esaminare informazioni o situazioni con attenzione, in dettaglio e in modo obiettivo.

- Ciò include la capacità di scomporre problemi complessi in componenti più piccoli, esaminare i dettagli e identificare i fattori correlati.

- La valutazione è la capacità di valutare criticamente le informazioni o la situazione sotto analisi. Ciò include la capacità di valutare l'adeguatezza, l'affidabilità e la coerenza delle fonti e la capacità di identificare pregiudizi, ambiguità o lacune nelle argomentazioni.

- La sintesi è la capacità di combinare informazioni e idee diverse in modo organizzato e logico. Include la capacità di integrare le informazioni analizzate in nuovi concetti e idee e collegare diverse parti di un problema o di una discussione.

- L'interpretazione è la capacità di dare un significato alle informazioni o alla situazione analizzata. Ciò include la capacità di comprendere il contesto, le implicazioni e le possibili interpretazioni delle informazioni e di formulare un'interpretazione basata su solide prove e solide argomentazioni.

Abilità necessarie per sviluppare il pensiero critico: osservazione, analisi, problem solving

Lo sviluppo del pensiero critico richiede alcune abilità di base: l'osservazione, l'analisi e la risoluzione dei problemi sono tra le più importanti di queste.

- L'osservazione è la capacità di raccogliere accuratamente informazioni attraverso i sensi e osservare attentamente un evento, una situazione o un oggetto.

Ciò include la capacità di identificare i dettagli chiave, fare confronti, identificare modelli e tendenze e raccogliere dati rilevanti.

- L'analisi è la capacità di esaminare attentamente le informazioni raccolte attraverso l'osservazione o la ricerca per identificare relazioni, connessioni o causa ed effetto.

L'analisi implica la capacità di scomporre un problema o un argomento in componenti più piccoli, valutare le loro relazioni e trarre conclusioni basate su un attento ragionamento.

- La risoluzione dei problemi è la capacità di affrontare problemi complessi in modo critico e creativo. Ciò include la capacità di identificare i problemi, analizzarli attentamente, sviluppare soluzioni alternative e valutare i possibili risultati.

La risoluzione dei problemi richiede anche la capacità di prendere decisioni informate basate su considerazioni chiave e implementare efficacemente soluzioni.

10 Esercizi pratici per sviluppare il pensiero critico

Esistono varie tecniche ed esercizi che puoi utilizzare per sviluppare le tue capacità di pensiero critico.

Eccone alcuni che puoi utilizzare per allenare il tuo pensiero critico.

1. Analisi della fonte:

Seleziona una fonte. Ad esempio, prendi un articolo, un libro o un sito Web e analizzalo criticamente per verificarne validità, affidabilità, obiettività e coerenza.

Identificare pregiudizi ed errori e valutare la qualità delle prove presentate.

2. Valutazione di due argomenti:

Prendi un argomento controverso e valutalo criticamente esaminando punti di vista contrastanti, valutando le prove presentate e identificando i punti di forza e di debolezza di ciascun argomento.

Formulare giudizi ragionevoli sulla base dell'analisi effettuata.

3. Sintesi delle informazioni:

Raccogliere varie fonti di informazioni su un particolare argomento e combinarle in modo organizzato e logico per produrre un riepilogo accurato e coerente delle informazioni raccolte.

Identificare le connessioni tra diverse fonti e formulare nuovi concetti e idee sulla base di informazioni integrate.

4. Interpretazione dei dati:

Analizza dati quantitativi o informazioni come grafici, tabelle e statistiche, valuta criticamente la loro affidabilità, interpreta i risultati in modo accurato e formula conclusioni sulla base dei dati analizzati.

Identificare errori o distorsioni nei grafici dei dati.

5. Risoluzione di problemi complessi:

Mettere in discussione problemi complessi e situazioni del mondo reale, utilizzando un approccio basato sulla valutazione delle opzioni disponibili, la ricerca di soluzioni alternative, la valutazione di punti di forza e di debolezza e la scelta della soluzione migliore sulla base di considerazioni chiave, approccio critico e creativo.

6. Discussione in gruppi:

Sviluppa capacità di pensiero critico partecipando a discussioni e dibattiti su questioni complesse o controverse, esaminando argomentazioni, presentando prove e argomentazioni e rispondendo in modo ponderato alle opinioni degli altri.

Questo esercizio sviluppa anche la tua capacità di ascoltare attivamente e valutare criticamente diversi punti di vista.

7. Analisi delle prospettive contrastanti:

Esamina attentamente punti di vista e opinioni che contraddicono le tue convinzioni e opinioni personali e cerca di comprendere le ragioni e le prove dietro tali opinioni.

Questo esercizio allarga i tuoi orizzonti e sviluppa la tua capacità di valutare criticamente anche quando non sei d'accordo con diversi punti di vista.

8. Valutazione degli errori logici:

Esaminerai vari errori della logica, come appelli all'autorità, ragionamenti indiretti e attacchi personali, e imparerai a riconoscerli e valutarli criticamente negli argomenti e nelle informazioni presentate.

Questo esercizio ti aiuterà a sviluppare la tua capacità di riconoscere gli errori di ragionamento e valutare la validità degli argomenti presentati.

9. Analisi degli studi di ricerca:

Indagare studi di ricerca scientifica o accademica e valutarne la metodologia, i risultati, le conclusioni e i limiti.

Questo esercizio sviluppa la capacità di valutare criticamente la validità e l'affidabilità delle prove scientifiche e trarre conclusioni appropriate basate su di esse.

10. Analisi multimediale:

Esamina criticamente media come notizie, articoli e pubblicità e valuta la veridicità, l'obiettività e la completezza delle informazioni presentate.

Questo esercizio ti aiuterà a sviluppare la tua capacità di valutare criticamente le fonti e identificare pregiudizi e pregiudizi nei media.

Lo sviluppo del pensiero critico è un'abilità fondamentale per affrontare con successo le complesse sfide della vita quotidiana, del lavoro e della società.

Il punto è che lo sviluppo del pensiero critico richiede tempo, pratica e consapevolezza.

Questa non è un'abilità innata, ma può essere appresa e affinata nel tempo attraverso una pratica costante.

Essere di mentalità aperta, mettere in discussione le proprie convinzioni e cercare una prospettiva obiettiva è la chiave per sviluppare solide capacità di pensiero critico.

È anche importante notare che il pensiero critico non deve sempre arrivare alla conclusione finale o alla risposta "giusta".

Al contrario, è spesso necessaria la capacità di affrontare l'incertezza e la complessità, porre le domande giuste, cercare prove, considerare prospettive diverse e trarre conclusioni informate sulla base delle informazioni disponibili.

In sintesi, il pensiero critico è un'abilità fondamentale per prendere decisioni ben informate, risolvere problemi complessi e valutare accuratamente le informazioni che ci circondano.

Analizzando criticamente le fonti, esaminando le prove e analizzando le prospettive contrastanti, puoi sviluppare capacità di pensiero critico solide ed efficaci.

Gli esercizi pratici esaminati possono essere utilizzati come strumenti per allenare le tue capacità di pensiero critico e migliorare la tua capacità di valutare criticamente le informazioni presentate.

Mentre sviluppi il pensiero critico, ricorda sempre l'importanza di un approccio di mentalità aperta per mettere in discussione le tue convinzioni e cercare una prospettiva obiettiva.

CAPITOLO 9
RICONOSCERE E SUPERARE GLI OSTACOLI GRAZIE AL PENSIERO CRITICO

Il pensiero critico come già detto in precedenza, è un'abilità essenziale nella vita di tutti i giorni che ci consente di valutare obiettivamente le informazioni, le situazioni e le decisioni che dobbiamo affrontare.

Tuttavia, ci sono molti ostacoli che possono frapporsi, con il processo di pensiero critico, come pregiudizi, stereotipi, emozioni e errori cognitivi.

Questo capitolo esamina questi ostacoli in dettaglio e offre tecniche e strategie pratiche per superarli e migliorare la qualità del pensiero critico.

Identificare le barriere comuni al pensiero critico

Per comprendere a pieno come superare le barriere al pensiero critico, è importante prima identificarle.

Iniziamo analizzando i vari ostacoli che possono influenzare negativamente il nostro processo di pensiero critico.

Un ostacolo comune è il pregiudizio.

Un pregiudizio è un'opinione che compromette la capacità di valutare obiettivamente una situazione o un'informazione.

Il pregiudizio può essere basato su fattori quali sesso, religione, etnia, orientamento sessuale e altri fattori personali o sociali.

Ad esempio, il bias di conferma è la tendenza a cercare, interpretare e ricordare in modo selettivo informazioni che confermano convinzioni preesistenti, anche quando non sono supportate da prove concrete.

Allo stesso modo, il pregiudizio dell'autorità può portare a un'obbedienza acritica senza valutare criticamente le opinioni e le decisioni delle figure autoritarie.

Stereotipi, aspettative o convinzioni generalizzate su un gruppo di persone, sono un altro ostacolo al pensiero critico.

Gli stereotipi possono influenzare la nostra percezione e valutazione di persone, situazioni o informazioni in modi irrazionali e ingiusti.

Ad esempio, gli stereotipi di genere possono interpretare erroneamente le abilità e le qualifiche di un individuo in base al suo genere piuttosto che alle sue effettive capacità.

Le emozioni sono un altro ostacolo al pensiero critico.

Le emozioni possono influenzare la nostra capacità di valutare obiettivamente le situazioni perché possono influenzare il nostro stato emotivo, i nostri giudizi e la nostra capacità di prendere decisioni razionali.

Ad esempio, la paura può portare a reazioni impulsive e valutazioni irrazionali di situazioni potenzialmente pericolose, mentre la gioia può portare a valutazioni eccessivamente positive di situazioni senza un'adeguata valutazione critica. Gli errori cognitivi sono errori di pensiero comuni che possono influenzare il modo in cui pensiamo e prendiamo decisioni irrazionali.

Esistono molti tipi diversi di errori cognitivi: errori di attribuzione, sopravvalutazione della competenza individuale, effetti aneddotici, errori di campionamento, errori di conferma e molti altri.

Ad esempio, un errore di attribuzione si verifica quando si attribuisce un evento a una causa particolare senza esaminare a fondo tutte le possibili spiegazioni e cause.

Basare le tue convinzioni su un'esperienza personale limitata piuttosto che su dati o prove solidi ha un effetto aneddotico.

Il pregiudizio di conferma si verifica quando tendiamo a cercare e interpretare in modo selettivo le informazioni che supportano le nostre convinzioni esistenti e ignoriamo le informazioni che le contraddicono.

Tecniche per superare gli ostacoli al pensiero critico:

Superare le barriere al pensiero critico richiede consapevolezza, impegno e pratica. Esistono diverse tecniche che puoi utilizzare per aumentare la tua capacità di identificare e superare gli ostacoli al pensiero critico.

Di seguito sono elencate alcune delle tecniche più efficaci.

1. Introspezione:

L'introspezione è il processo di valutazione onesta e obiettiva delle nostre convinzioni, pregiudizi, stereotipi, emozioni e modelli di pensiero. Include la capacità di mettere in discussione le convinzioni esistenti e mettere in discussione criticamente le proprie convinzioni.

L'introspezione ci aiuta a identificare pregiudizi, stereotipi o sentimenti che possono influenzare negativamente il nostro pensiero critico.

Puoi fare domande come:

"Quali sono le mie convinzioni su questo argomento?", "Da dove vengono queste convinzioni?", "Sono basate su fatti o opinioni?" Che tipo di pregiudizi potrebbero influenzare il mio pensiero? 'Valuterò queste informazioni in modo più obiettivo?'.

2. Mente aperta:

Una mente aperta è la disponibilità a considerare diverse prospettive, opinioni o punti di vista senza pregiudizi o giudizi affrettati.

Richiede la capacità di abbracciare l'incertezza e valutare attentamente le informazioni disponibili prima di trarre conclusioni o giudizi.

Una mente aperta ti consente di vedere tutte le prove e considerare opinioni diverse prima di prendere una decisione.

Possiamo sviluppare una mente aperta esponendoci a prospettive diverse, leggendo fonti diverse e cercando di comprendere le prospettive degli altri prima di trarre le nostre conclusioni.

3. Cerca fonti attendibili.

Trovare fonti affidabili di informazioni è una componente importante del pensiero critico. È importante assicurarsi di utilizzare fonti affidabili basate su fatti e prove solidi.

Potremmo utilizzare fonti affidabili come riviste accademiche, ricerche accademiche, siti Web di organizzazioni affidabili e fonti riconosciute nella tua particolare area di ricerca o interesse.

Prima di utilizzare qualsiasi fonte come base per il pensiero critico, è importante verificare la fonte e valutarne la credibilità e l'affidabilità.

4. Valutazione delle prove materiali:

Una parte importante del pensiero critico è la capacità di valutare criticamente le prove disponibili.

Ciò include una valutazione dei dati, delle statistiche, degli studi e degli argomenti presentati nelle fonti che esaminiamo.

Dovresti chiederti se le prove presentate si basano su metodi scientifici validi, verificati da esperti del settore e pubblicati su fonti attendibili.

Dobbiamo anche considerare la validità, l'accuratezza e la completezza delle prove e sforzarci di identificare lacune ed errori nella presentazione delle prove.

5. Sospensione del giudizio:

Trattenere il giudizio è una tecnica che ci consente di rimanere aperti a diverse prospettive e opinioni senza prendere decisioni affrettate.

Questo ci consente di valutare attentamente le informazioni disponibili prima di trarre conclusioni. Evita di saltare alle conclusioni o di formulare giudizi basati su pregiudizi o stereotipi.

Dovresti essere pronto a rinviare il giudizio fino a quando non avrai considerato attentamente tutte le prove e gli argomenti disponibili.

6. Pensiero critico basato sull'evidenza:

Un pensiero critico efficace si basa su fatti, dati e prove, il che significa prove concrete.

Dobbiamo sforzarci di basare il nostro pensiero critico su prove solide e verificabili piuttosto che su opinioni e supposizioni.

Dobbiamo essere disposti a mettere in discussione le convinzioni esistenti ed esaminare attentamente e valutare le prove disponibili prima di trarre conclusioni.

7. Analisi critica dell'argomento:

Una parte importante del pensiero critico è la capacità di analizzare criticamente gli argomenti delle fonti esaminate.

Dobbiamo sforzarci di identificare errori e difetti nel ragionamento degli argomenti presentati e valutare se gli argomenti sono logici, coerenti e basati su prove solide

Dobbiamo essere in grado di trovare argomenti deboli e trabocchetti logici, come attacchi personali, appelli emotivi, o l'uso del ragionamento circolare.

8. Consapevolezza dei propri pregiudizi e stereotipi:

È importante essere consapevoli dei pregiudizi e degli stereotipi personali, poiché possono influenzare negativamente il nostro pensiero critico.

Dobbiamo identificare pregiudizi e stereotipi ed esaminare criticamente come influenzano la nostra valutazione delle informazioni disponibili, dobbiamo essere aperti ad altre prospettive.

9. Introspezione critica:

L'introspezione critica è una tecnica chiave per superare le barriere al pensiero critico.

Dobbiamo pensare in modo critico a noi stessi, alle nostre convinzioni, alle nostre esperienze e ai nostri sentimenti. Dobbiamo chiederci in che modo questi influenzano il nostro pensiero critico e se possono distorcere la nostra valutazione delle informazioni disponibili.

Ci aiuta a notare pregiudizi, stereotipi ed errori cognitivi e ad affrontarli in modo costruttivo.

10. Mente aperta:

Una mente aperta è un tratto essenziale per il pensiero critico.

Dobbiamo essere aperti ad altre prospettive, opinioni e punti di vista, anche se diversi dai nostri.

Dovresti essere disposto ad ascoltare e considerare altre idee, anche se inizialmente sembrano contraddire le tue convinzioni e opinioni.

Essere di mentalità aperta ti consente di esaminare criticamente tutte le informazioni disponibili senza essere tenuto a visioni unilaterali.

11. Analisi del sentimento:

Le emozioni possono influenzare notevolmente il nostro pensiero critico.

Dobbiamo essere consapevoli delle emozioni che proviamo durante il processo di pensiero critico e di come influenzano la nostra valutazione delle informazioni.

Ad esempio, emozioni come la paura e la rabbia possono farci reagire in modo impulsivo o esprimere giudizi affrettati.

Dobbiamo essere in grado di analizzare criticamente le emozioni che stiamo vivendo e cercare di separarle dall'analisi razionale delle informazioni disponibili.

12. Abilità analitiche e sintetiche:

Una parte importante del pensiero critico è la capacità di analizzare criticamente le informazioni e riassumerle in modo chiaro e coerente.

Dovresti essere in grado di estrarre informazioni rilevanti dalle fonti, valutarle criticamente e organizzarle in un quadro logico e coerente.

Questa capacità di analisi e sintesi ci aiuta a valutare criticamente le prove e trarre conclusioni informate e ben supportate.

13. Pensiero critico creativo:

Il pensiero critico è anche un processo creativo che ci permette di generare nuove idee, soluzioni innovative e prospettive uniche.

Dobbiamo essere disposti a pensare in modo creativo e non convenzionale per esplorare nuove prospettive e cercare soluzioni non convenzionali ai problemi.

Il pensiero creativo e critico può aiutarti a uscire dal pensiero rigido e ad adottare un approccio più aperto e flessibile alla risoluzione dei problemi.

14. Collaborazione e confronti chiave:

La collaborazione con gli altri e il brainstorming critico delle idee sono strumenti importanti per superare le barriere al pensiero critico.

Lavorare con gli altri ti consente di condividere prospettive diverse, sfidare le tue convinzioni e imparare dagli altri.

Il brainstorming critico ti aiuta a valutare in modo più accurato le informazioni disponibili, identificare difetti e debolezze e sviluppare argomentazioni solide e ben fondate.

15. Valutazione delle prove chiave:

La valutazione critica delle prove è una componente importante del pensiero critico. Ciò include l'analisi attenta delle prove a sostegno di un'opinione o di un'argomentazione e l'esame della sua validità, affidabilità e coerenza con altre informazioni disponibili.

La valutazione critica delle prove ci consente di adottare un approccio basato su fatti concreti e prove piuttosto che su opinioni e affermazioni non verificate.

16. Capacità di ragionare razionalmente:

Una parte importante del pensiero critico è la capacità di ragionare in modo razionale e ben strutturato.

Dobbiamo essere in grado di presentare le nostre idee in modo chiaro, coerente e persuasivo utilizzando argomentazioni ben fondate basate su solide prove.

La capacità di ragionare razionalmente ci aiuta a comunicare le nostre idee in modo efficace, difendere le nostre posizioni e comunicare in modo costruttivo con gli altri.

17. Riconoscere i bias cognitivi:

I pregiudizi cognitivi sono tendenze sistemiche nel pensiero che possono influenzare la nostra valutazione delle informazioni.

Esistono diversi tipi di pregiudizi cognitivi di cui essere consapevoli, come ad esempio: effetto di conferma, bias di ancoraggio, bias di auto coerenza e molti altri.

Riconoscere i pregiudizi cognitivi ci consente di riconoscerli nel momento in cui sorgono nel nostro pensiero e prendere provvedimenti per mitigarli cercando di valutare le informazioni in modo più obiettivo e imparziale.

18. Applicazione di metodi di risoluzione dei problemi:

Il pensiero critico viene spesso utilizzato per risolvere problemi complessi e prendere decisioni difficili.

L'uso di metodi di risoluzione dei problemi come Identificare i problemi, raccogliere informazioni rilevanti, generare alternative, valutare alternative e scegliere la soluzione migliore aiuta a migliorare il processo di pensiero critico.

Questi metodi strutturati ti aiutano a organizzare le tue informazioni in modo logico e a valutare sistematicamente le diverse opzioni a tua disposizione.

19. Esercita lo scetticismo e il dubbio costruttivo:

Lo scetticismo e il dubbio costruttivo sono aspetti importanti del pensiero critico.

Ci incoraggiano a mettere in discussione le informazioni e gli argomenti presentati, cercare prove a sostegno delle nostre affermazioni e non accettare tutto ciò che viene suggerito acriticamente.

Essere scettici in modo costruttivo ti consente di valutare le informazioni in modo più accurato ed evitare di cadere in trappole del pensiero e di credere acriticamente a ciò che ti viene detto.

20. Mantenere un atteggiamento di apprendimento continuo:

Il pensiero critico è un processo dinamico e in continua evoluzione.

Mantenendo un atteggiamento di apprendimento continuo, puoi migliorare costantemente le tue capacità di pensiero critico. Dobbiamo imparare cose nuove, esplorare nuovi argomenti, apprezzare nuove prospettive e migliorare costantemente le nostre capacità di pensiero critico.

Ciò significa essere aperti a nuove informazioni, fonti e prospettive e adottare un approccio di apprendimento continuo.

21. Esplora diverse prospettive:

Il pensiero critico ci invita a esplorare prospettive diverse da quelle che avevamo originariamente incluso.

Questo approccio ci consente di acquisire una comprensione più ampia dell'argomento e valutare criticamente diverse prospettive.

Aiuta anche a evitare l'effetto eco ovvero di essere esposti solo a informazioni che confermano convinzioni esistenti.

22. Autocontrollo emotivo:

Le emozioni, come già anticipato, possono influenzare il pensiero critico.

L'autocontrollo emotivo è quindi importante per superare gli ostacoli nel pensiero critico.

Ciò significa essere in grado di riconoscere le proprie emozioni e gestirle in modo appropriato durante il processo del pensiero critico.

Dobbiamo essere consapevoli dei nostri pregiudizi emotivi e delle reazioni emotive a informazioni e opinioni e sforzarci di valutare le informazioni in modo obiettivo e razionale, indipendentemente dai nostri sentimenti.

L'autocontrollo emotivo ti consente di prendere decisioni informate basate sulla ragione invece di essere influenzato dalle emozioni.

23. Esercizi di pensiero laterale:

Il pensiero laterale, o pensare fuori dagli schemi, è una tecnica che ci aiuta a sfidare le convenzioni e trovare soluzioni innovative a problemi complessi.

Questa tecnica ci spinge a cercare nuovi modi per risolvere i problemi e affrontare le situazioni andando oltre le soluzioni convenzionali e sperimentando nuove prospettive.

24. Analisi SWOT:

Un'analisi SWOT (Strengths, Weaknesses, Opportunities, and Threats) è uno strumento analitico che consente di valutare i punti di forza, i punti deboli, le opportunità e le minacce di una situazione o di una decisione.

Questa tecnica ti aiuta a considerare i diversi aspetti della situazione in modo completo e sistematico, il che ti aiuta a prendere decisioni informate.

25. Richieste di prove e conferme

Non prendiamo mai alcuna informazione o opinione per valore nominale senza considerare le prove e le prove a sostegno.

Cerchiamo prove concrete, dati verificabili e informazioni di supporto a sostegno delle affermazioni presentate.

Questo aiuta a sviluppare una mentalità basata sulla ricerca di prove piuttosto che sull'accettazione acritica delle opinioni.

26. Sviluppa fiducia:

Riconoscere pregiudizi, stereotipi, emozioni ed errori cognitivi è essenziale per superare gli ostacoli al pensiero critico.

Praticare l'autoriflessione e l'autovalutazione può aiutarti a riconoscere come le tue emozioni e i tuoi pregiudizi influenzano il tuo pensiero, permettendoti di adottare un approccio più obiettivo e razionale.

27. Pratica il pensiero critico in situazioni reali:

Il pensiero critico è un'abilità pratica sviluppata attraverso le situazioni di vita reale.

Cerchiamo di applicare il pensiero critico alle situazioni quotidiane.

Valutare le notizie, prendere decisioni nel lavoro e nella vita e confrontare le opinioni con gli altri.

Più pratichi il pensiero critico, più naturale e automatico diventa il tuo approccio al pensiero.

Riconoscere questi ostacoli è il primo passo per superarli e sviluppare un pensiero critico più efficace.

Questo capitolo ha esaminato vari ostacoli al pensiero critico, inclusi pregiudizi cognitivi, stereotipi, emozioni ed errori cognitivi.

Abbiamo esplorato come queste caratteristiche influenzano il modo in cui pensiamo e come riconoscerli in modo da non cadere nella trappola del pensiero acritico.

Abbiamo anche esaminato diverse tecniche per superare le barriere del pensiero critico come:

l'autoriflessione, apertura mentale, ricerca di fonti affidabili di informazioni, valutazione critica delle prove e riflessione emotiva.

Queste tecniche aiutano a sviluppare il pensiero critico e migliorare la capacità di analizzare in modo obiettivo e razionale informazioni e opinioni.

È importante esercitarsi a identificare e superare regolarmente gli ostacoli al pensiero critico ed essere proattivi e attenti nel processo di pensiero.

Inoltre, il pensiero critico non è un processo isolato, spesso implica la collaborazione e il brainstorming con gli altri.

Essendo aperti a diverse prospettive, ascoltando opinioni contrastanti e valutando criticamente le prove presentate, possiamo espandere la nostra comprensione e prendere decisioni più informate.

Infine, è importante sottolineare che il pensiero critico non è un processo infallibile.

Nonostante le nostre migliori intenzioni e buone pratiche, possiamo ancora commettere errori e cadere nella trappola del pensiero acritico.

Ad esempio, fonti che ci consentono di basare le nostre opinioni su informazioni accurate e verificate e autocontrollo emotivo che ci aiuta a prendere decisioni informate basate sulla ragione piuttosto che sull'emozione.

Inoltre, abbiamo esplorato l'importanza del pensiero critico creativo che ci consente di trovare soluzioni innovative ai problemi e sfidare il pensiero convenzionale.

Abbiamo anche sottolineato che lo sviluppo del pensiero critico richiede tempo, pratica e impegno costante, ed è spesso un processo che implica la collaborazione e il brainstorming con gli altri.

Infine, il pensiero critico ha un profondo impatto su molte aree della nostra vita, tra cui il lavoro, la politica, la salute, l'istruzione e il processo decisionale quotidiano.

L'acquisizione e lo sviluppo di capacità di critical thinking possono migliorare la tua capacità di risolvere problemi complessi, prendere decisioni informate e adottare un approccio razionale alla comprensione del mondo che ti circonda.

In sintesi, il pensiero critico è un'abilità chiave per navigare nel complesso panorama di informazioni e opinioni che ci circonda.

Superare le barriere al pensiero critico richiede consapevolezza, impegno e pratica costante.

Lo sviluppo di quest'ultimo può migliorare la tua capacità di prendere decisioni più informate, valutare le informazioni in modo più accurato e ragionare in modo obiettivo ed efficace.

CAPITOLO 10
ANALISI CRITICA DELLE INFORMAZIONI (A.C.I)

L'analisi critica delle informazioni è un'abilità fondamentale per prendere decisioni informate e valutare accuratamente l'efficacia delle informazioni che ci circondano.

In un mondo moderno dominato da un flusso costante di informazioni, il pensiero critico è diventato un'abilità essenziale per distinguere la verità dalla falsità, la razionalità dal pregiudizio.

Di recente durante una conversazione con un amico è venuto alla luce un fatto sorprendente su un tema di attualità.

Invece di prendere la notizia per buona, abbiamo scoperto che i dati sono stati estrapolati dal contesto, esagerando l'entità del problema.

Riconoscere l'importanza del contesto mi ha permesso di valutare le situazioni in modo più obiettivo e prendere decisioni informate senza essere influenzato da rappresentazioni distorte dei fatti.

Controllare le fonti, considerare il contesto e analizzare criticamente le affermazioni sono strumenti essenziali per evitare di cadere nella trappola della disinformazione e non prendere decisioni informate.

Ci aiuta ad aprire le nostre menti, sfidare le narrazioni preconfezionate e sviluppare una comprensione più profonda del mondo che ci circonda.

Coltivare il pensiero critico è un'abilità che ci rende cittadini consapevoli e responsabili, capaci di navigare oceani di informazioni per affrontare le sfide della società odierna.

Nell'era digitale in cui viviamo, la grande quantità di informazioni disponibili online e attraverso vari canali di comunicazione, è indispensabile sviluppare capacità di pensiero critico per filtrare e valutare le informazioni in modo accurato e obiettivo.

Questo capitolo esplora alcune tecniche pratiche per l'analisi critica delle informazioni, come la valutazione delle fonti, la revisione delle prove e l'analisi delle prospettive contrastanti.

Vengono inoltre forniti esempi, citazioni e suggerimenti per lo sviluppo di capacità di analisi delle informazioni critiche.

1. Valutazione della fonte

Uno dei primi passi nell'analisi critica delle informazioni è la valutazione della fonte. Le fonti possono influire sulla loro affidabilità e accuratezza.

Ecco alcune tecniche da considerare quando si valutano le fonti:

- Credibilità della fonte:

La valutazione della credibilità di una fonte richiede la considerazione della reputazione, dell'autorità, dell'esperienza e della competenza della fonte in una particolare area informativa.

Ad esempio, le pubblicazioni scientifiche e gli esperti riconosciuti nel settore sono più attendibili dei blog personali o degli autori sconosciuti.

- Potenziale di distorsione:

Indagare se la fonte mostra pregiudizi che potrebbero influire sulla sua obiettività e accuratezza delle informazioni fornite.

Ad esempio, le fonti politiche o ideologiche possono presentare informazioni tendenziose o distorte.

- Verificabilità delle informazioni:
-

Assicurati che la fonte fornisca informazioni verificabili e basate su prove con riferimenti a fonti primarie o studi di ricerca. Le fonti che forniscono informazioni verificabili o prive di fondamento possono essere meno affidabili.

2. Revisione delle prove

Il test delle prove è un'importante tecnica analitica critica per le informazioni che consente di valutare l'efficacia e l'accuratezza della presentazione.

<u>Ecco alcune linee guida da seguire durante la revisione delle prove:</u>

- Confronta più fonti:

Confronta le informazioni fornite da diverse fonti affidabili per vederne la coerenza.

Quando più fonti autorevoli forniscono le stesse informazioni, ciò ne aumenta la validità.

- Verifica delle fonti primarie:

Quando possibile, cita fonti primarie come studi di ricerca, documenti ufficiali e dati statistici piuttosto che interpretare o riassumere altre fonti.

Le fonti primarie sono spesso considerate più affidabili perché forniscono dati originali e verificabili.

- Analisi critica dei metodi di ricerca:

Se le informazioni sono basate sulla ricerca, valutare criticamente i metodi di studio utilizzati, inclusa la dimensione del campione, il disegno dello studio, la metodologia e la validità dei risultati.

Questo aiuta a determinare se le prove presentate sono solide e credibili.

3. Analisi delle prospettive contrastanti

Un'altra tecnica importante per analizzare informazioni importanti è l'analisi di prospettive contrastanti.

Esplora diverse prospettive e opinioni su un particolare argomento o problema per fornire informazioni più complete e obiettive.

<u>Ecco alcune considerazioni da tenere a mente quando si analizzano prospettive contrastanti:</u>

• Ricerca di varie fonti di informazioni:

Ricerca e analizza varie fonti che offrono diverse prospettive sull'argomento in questione, ciò può includere la lettura di opinioni diverse su giornali, siti Web, blog, libri o pubblicazioni scientifiche.

• Individuazione di possibili distorsioni:

Considera i potenziali pregiudizi di varie fonti e i pregiudizi che possono influenzare le loro opinioni.

Cerca di capire quali sono questi pregiudizi e come influenzano le informazioni presentate.

• Analisi critica degli argomenti:

Valuta criticamente gli argomenti presentati in varie fonti e cerca di comprendere la logica, la validità delle prove e la coerenza degli argomenti.

Chiediti se le informazioni sono supportate da prove solide o se ci sono discrepanze.

• Riepilogo informazioni:

Riassumi le diverse prospettive analizzate per ottenere una visione più completa ed equilibrata dell'argomento.

Cerca di identificare somiglianze e differenze tra varie fonti e forma la tua opinione sulla base di una valutazione critica delle informazioni disponibili.

CAPITOLO 11
VALUTAZIONE CRITICA DELLE ARGOMENTAZIONI

C ome parte del pensiero critico, la valutazione critica degli argomenti è un'abilità essenziale per analizzare e valutare accuratamente gli argomenti presentati in una varietà di contesti, inclusi discorsi, articoli, pubblicità e politica.

In questo capitolo esamineremo i principali tipi di argomentazione, come ad esempio: argomenti deduttivi e induttivi, analogici e autorevoli.

Descriveremo anche le tecniche per valutare criticamente argomenti come: Analizzare la pertinenza, la coerenza e la pertinenza degli argomenti.

Infine, esamineremo alcuni esercizi pratici per allenare la tua capacità di valutare criticamente gli argomenti.

Principali tipi di argomentazioni

Esistono diversi tipi di argomentazioni che possono essere utilizzate per supportare un documento o una posizione.

Alcuni dei principali tipi di argomenti sono:

1 Argomento deduttivo:

Gli argomenti deduttivi si basano sulla logica deduttiva che trae conclusioni da premesse comuni.

In un argomento deduttivo, la conclusione deve essere vera se le premesse sono vere.

Per esempio:

Ipotesi 1:

tutti gli esseri umani muoiono.

Ipotesi 2:

Giacomo è un uomo.

Conclusione:

Giacomo è quindi mortale.

2 Argomenti di induzione:

Gli argomenti induttivi si basano sulla logica induttiva, in cui le conclusioni generali sono tratte da osservazioni specifiche.

Nelle argomentazioni induttive, la conclusione è probabile, ma non necessariamente vera.

Per esempio:

Osservazione 1:

Ho appena cambiato squadra con cui gioco a calcio e ho visto dieci persone che indossavano una maglia gialla.

Conclusione:

Pertanto, la nuova squadra con cui giocherò ha la divisa gialla.

3 Argomenti simili:

Argomenti simili si basano sul confronto di situazioni o oggetti simili e sul trarre conclusioni su situazioni o oggetti simili.

Per esempio:

Ipotesi:

Gli effetti del fumo sul corpo umano sono simili a quelli dell'inquinamento ambientale.

Conclusione:

Proprio come l'inquinamento distrugge l'ambiente, anche il fumo distrugge il corpo umano.

4 Discussione correlata:

Gli argomenti autorevoli si basano sull'autorità o sull'esperienza di individui o organizzazioni per supportare le loro conclusioni.

Per esempio:

Ipotesi:

L'esercizio fisico regolare è importante per avere una buona salute, hanno detto i medici.

Conclusione:

L'esercizio fisico regolare è quindi (sicuramente) importante per una buona salute.

Tecniche per valutare criticamente le argomentazioni

Per valutare criticamente un argomento, è importante considerare diversi fattori, tra cui: efficacia, coerenza e pertinenza degli argomenti. Diverse tecniche possono essere utilizzate per valutare accuratamente gli argomenti, tra cui:

1 Analisi di validità:

La validità dell'argomento si riferisce alla capacità di supportare una conclusione in modo logico e persuasivo.

Per valutare la validità di un'argomentazione è importante esaminare attentamente le premesse e le connessioni logiche tra di esse.

La premessa dovrebbe essere accurata e supportare costantemente la conclusione.

Gli argomenti potrebbero non essere validi se la premessa è debole o la connessione logica è persa.

2 Analisi di coerenza:

La coerenza si riferisce alla coerenza interna di un argomento.

Un'argomentazione coerente deve avere una struttura logica ed essere priva di contraddizioni e incoerenze.

Per valutare la coerenza di un'argomentazione, è importante cercare discrepanze e contraddizioni tra premesse e conclusioni e verificare la coerenza con altre informazioni e prove disponibili.

3 Analisi della pertinenza:

La pertinenza si riferisce all'applicabilità e all'importanza delle assunzioni negli argomenti e nelle conclusioni. La premessa dovrebbe riguardare la conclusione che stai cercando di sostenere.

Per valutare la validità di un argomento, è importante considerare se la premessa è direttamente correlata alla conclusione e se la premessa è sufficiente per sostenerla in modo convincente.

4 Verificare la fonte dell'autorità:

Quando le argomentazioni si basano su fonti autorevoli, come esperti o organizzazioni, è importante considerare attentamente la credibilità e l'affidabilità di tali fonti.

Non tutte le fonti sono uguali e la valutazione critica di una fonte può aiutare a determinare se le sue affermazioni si basano su informazioni affidabili e accurate.

5 Analisi di pregiudizi o errori

Gli argomenti possono spesso contenere pregiudizi e errori logici che possono influenzare la validità e la credibilità degli argomenti.

Esempi di errori logici comuni includono appelli alle emozioni, appelli all'autorità, ragionamento circolare e attacchi personali.

Riconoscere e analizzare i pregiudizi e gli errori di un argomento aiuta a valutarne la plausibilità e l'adeguatezza.

CAPITOLO 12
ITER PRATICO PER ALLENARE L'ABILITÀ DI VALUTAZIONE CRITICA

Per sviluppare la tua capacità di valutare criticamente gli argomenti, puoi svolgere esercizi pratici che mettono in pratica le tecniche di analisi e valutazione degli argomenti.

1. Analisi di articoli e discorsi:

Leggere articoli di giornale, discorsi politici o altri testi contenenti argomentazioni e valutare criticamente la premessa, la coerenza e la pertinenza delle argomentazioni.

Puoi fare domande del tipo:

Quali servizi sono offerti?

Sono corretti e supportati da prove?

Come si collegano al finale?

Le diverse parti dell'argomentazione sono coerente?

Le premesse sono rilevanti per la conclusione o ci sono informazioni irrilevanti?

Ciò ti aiuta a sviluppare la capacità di valutare l'integrità e la coerenza.

2. Analisi di dibattiti o argomenti:

Partecipare o osservare dibattiti e discussioni su questioni controverse e valutare criticamente le argomentazioni dei vari partecipanti.

Puoi farti domande come:

Quali sono le ipotesi avanzate da entrambe le parti?

Sono supportati da prove o dati concreti?

Ci sono errori logici o pregiudizi nelle argomentazioni?

Ciò ti aiuta a sviluppare la capacità di valutare criticamente diverse prospettive.

3. Crea i tuoi argomenti.

Crea i tuoi argomenti su argomenti specifici e sottoponili ad analisi critica.

Puoi chiederti:

La struttura è solida e supportata da prove credibili?

Le connessioni logiche tra premesse e conclusioni sono chiare e convincenti?

I miei ragionamenti sono imperfetti o prevenuti?

Questo ti aiuta a sviluppare la capacità di valutare la pertinenza.

4. Fonti di valutazione delle autorizzazioni:

Analizzare criticamente le fonti di autorità citate nella discussione per sviluppare la capacità di giudizio.

Quanto sono credibili e affidabili queste fonti? Si basano su prove concrete e verificabili? Ci sono pregiudizi o conflitti di interesse nelle fonti di autorità? Questo tipo di esercizio valuta criticamente le fonti di informazioni utilizzate nell'argomentazione e ne valuta la credibilità.

5. Identificazioni di errori logici:

Riconoscere e identificare vari errori logici che esistono in argomentazioni come: ragionamenti emotivi, autorevoli, circolari, attacchi personali, ecc.

Qual è l'errore logico di questo ragionamento? In che modo influenzano la validità e la credibilità di un argomento?

Questo tipo di esercizio riconosce ed evita errori logici in un argomento e valuta criticamente la validità di un argomento presentato.

La valutazione critica degli argomenti è un'abilità fondamentale del ragionamento e del pensiero critico e analitico

Analizzare gli argomenti per validità, coerenza e pertinenza consente di valutare con precisione la validità degli argomenti e raggiungere conclusioni ben informate.

È importante ricordare che valutare criticamente un'argomentazione non significa solo affermare le proprie convinzioni o accettare acriticamente argomentazioni che concordano con la propria opinione, ma richiede un approccio obiettivo, contestare ipotesi, cercare prove concrete, identificare errori logici e pregiudizi e un'attenta valutazione della coerenza e la pertinenza delle argomentazioni.

La pratica regolare della valutazione critica degli argomenti migliorerà le tue capacità di pensiero critico e analitico, ti aiuterà a formare opinioni informate e a prendere decisioni ben ponderate.

Inoltre, ti aiuterà a sviluppare una consapevolezza delle tattiche di persuasione e dei meccanismi di manipolazione utilizzati in molti argomenti, aiutandoti a evitare trappole logiche ed evitare di prendere decisioni affrettate o basate su informazioni inaffidabili.

In sintesi, la valutazione critica degli argomenti è un'abilità essenziale per una comunicazione efficace, un processo decisionale informato e un pensiero critico e analitico.

Comprendendo diversi tipi di argomentazioni, applicando tecniche di valutazione critica e praticando regolarmente questa abilità, una persona critica può valutare accuratamente la validità e la coerenza delle argomentazioni presentate in una varietà di contesti e sviluppare una mente perspicace.

CAPITOLO 13
SINTESI E INTERPRETAZIONE CRITICA DELLE INFORMAZIONI

Q uesto capitolo descrive le tecniche per sintetizzare e interpretare criticamente le informazioni raccolte al fine di trarre conclusioni ragionevoli e informate.

Esploreremo anche alcuni esempi di come applicare queste abilità a situazioni del mondo reale.

Quando ci si immerge in un mare di informazioni provenienti da varie fonti, è importante sintetizzare e interpretare criticamente queste informazioni per trarre conclusioni ben informate.

Tecniche per sintetizzare e interpretare criticamente le informazioni raccolte, al fine di trarre conclusioni ragionate e ben fondate

1.Analisi chiave di una fonte:

La corretta sintesi e interpretazione critica delle informazioni inizia con un'analisi critica della fonte stessa.

È importante valutare la credibilità, l'affidabilità e l'obiettività della fonte.

Ciò include la verifica delle fonti, la valutazione della reputazione, l'analisi dei metodi utilizzati per raccogliere informazioni e la considerazione dei pregiudizi e degli interessi che potrebbero essere alla base delle informazioni.

2. Organizzazione delle informazioni:

Una volta raccolte le informazioni, è importante organizzarle in modo coerente e logico.

Questo può essere fatto utilizzando varie tecniche come come la Creazione di schemi o diagrammi.

L'obiettivo è quello di creare un quadro chiaro e completo del soggetto o dei soggetti indagati e di individuare le relazioni tra i punti salienti e le diverse informazioni raccolte.

3. Sintesi delle informazioni:

L'integrazione delle informazioni è il processo di combinazione e integrazione delle informazioni raccolte per creare nuove informazioni.

Questo può essere fatto riassumendo le informazioni chiave, sottolineando i concetti chiave o cercando di identificare nuovi modelli o tendenze nei dati raccolti.

Consolidando le informazioni, puoi ottenere una panoramica e comprendere le connessioni tra diverse informazioni.

La valutazione critica delle informazioni è un passo importante nella sintesi delle informazioni e nell'interpretazione critica.

Ciò include la capacità di valutare l'efficacia, la coerenza, la completezza e la pertinenza delle informazioni raccolte, la valutazione delle prove, la revisione dei dati, l'analisi delle fonti e la valutazione degli argomenti.

La valutazione critica delle informazioni aiuta a identificare discrepanze tra diverse fonti e trarre conclusioni più accurate e informate.

Una volta completata la sintesi e l'interpretazione critica delle informazioni, puoi applicare queste abilità a situazioni del mondo reale.

CAPITOLO 14
APPLICARE IL PENSIERO CRITICO A SITUAZIONI REALI

Case Study #1

Supponiamo che tu debba prendere un'importante decisione aziendale, come ad esempio l'apertura di una filiale all'estero.

Ipotizziamo che le tue fonti di informazioni siano le seguenti: dati demografici, analisi di mercato, fattori legali e finanziari

Ecco alcuni esempi di come la sintesi delle informazioni e l'interpretazione critica possono essere applicate in questa situazione.

1. Analisi chiave di una fonte:

Prima di decidere di aprire una nuova filiale all'estero, è importante analizzare criticamente le fonti delle informazioni raccolte, valutando l'attendibilità di una fonte verificandone l'attendibilità. Dobbiamo anche considerare i pregiudizi e gli interessi dietro le informazioni come Potenziali conflitti di interesse o influenza politica.

2. Organizzazione delle informazioni:

Una volta raccolte le informazioni, dovrebbero essere organizzate in modo coerente e logico.

Possono essere creati grafici o mappe concettuali per identificare i punti chiave e le relazioni tra le varie informazioni raccolte.

Ad esempio, puoi organizzare le informazioni in base a diverse variabili che influenzano l'avvio di un nuovo ramo, come ad esempio come la situazione economica del Paese, stabilità politica, presenza di concorrenti o regolamenti locali.

3. Sintesi delle informazioni:

Dopo aver organizzato le informazioni, puoi integrarle.

Potremmo provare a riassumere informazioni importanti, identificare concetti chiave o identificare nuovi modelli o tendenze dai dati che raccogliamo.

Ad esempio, i dati demografici del paese, l'analisi di mercato e le informazioni finanziarie possono essere integrati per fornire una panoramica della probabilità e del potenziale dell'apertura di nuove filiali.

4. Valutazione conclusiva delle informazioni:

Una volta che le informazioni sono consolidate, devono essere valutate criticamente per garantire che siano valide, coerenti, complete e pertinenti.

È possibile rivedere le prove presentate, analizzare le fonti e valutare gli argomenti proposti. Ad esempio, puoi verificare la coerenza dei dati demografici e dell'analisi di mercato o valutare l'affidabilità delle fonti di finanziamento.

Dobbiamo anche considerare le discrepanze e le contraddizioni tra le varie fonti e cercare di capire come influenzano le nostre decisioni.

Una volta che le informazioni sono integrate e interpretate criticamente, queste conclusioni razionali e informate possono essere utilizzate per prendere decisioni informate sull'apertura di nuovi negozi.

Puoi soppesare rischi e opportunità, punti di forza e di debolezza e prendere decisioni basate su una valutazione critica delle informazioni disponibili.

Case Study #2

Un altro esempio di come la sintesi delle informazioni e l'interpretazione critica possono essere applicate a situazioni del mondo reale è la lettura e l'interpretazione di studi accademici e di ricerca.

Supponiamo di voler capire l'efficacia di un nuovo farmaco per trattare una particolare malattia.

Potremmo raccogliere varie fonti di informazioni, come studi scientifici, revisioni sistematiche o rapporti delle autorità di regolamentazione e utilizzare la sintesi delle informazioni e le tecniche di interpretazione critica per valutare l'efficacia dei nostri farmaci.

1. Analisi chiave di una fonte:

Iniziamo con un'analisi critica delle fonti che raccogliamo, ovvero studi scientifici che hanno condotto studi clinici sui farmaci.

Possono essere valutate le qualità dei metodi di ricerca utilizzati, la reputazione dei ricercatori o delle istituzioni coinvolte e la presenza di conflitti di interesse.

Dovresti anche considerare di pubblicare i tuoi risultati su riviste scientifiche sottoposte a revisione paritaria, che dimostrano la valutazione critica e il controllo di qualità della tua ricerca.

2. Organizzazione delle informazioni:

Dopo aver analizzato le tue fonti, devi organizzare le informazioni in modo coerente e logico.

È possibile creare riepiloghi delle evidenze disponibili e organizzarli in base a varie caratteristiche dello studio come disegno dello studio, dimensione del campione, durata dello studio e risultati principali. È inoltre possibile confrontare i risultati per identificare discrepanze e differenze significative.

3. Sintesi delle informazioni:

Una volta che le informazioni sono organizzate, possono essere integrate. Puoi riassumere i risultati chiave, identificare le tendenze e le tendenze emergenti e trarre conclusioni basate sulle prove disponibili.

Ad esempio, è possibile integrare i dati sulla sicurezza e l'efficacia dei farmaci, gli esiti degli endpoint primari e secondari ei dati sui sottogruppi di pazienti.

4. Valutazione conclusiva delle informazioni:

Dopo aver sintetizzato le informazioni, devono essere valutate criticamente per determinare la robustezza delle prove disponibili.

È possibile prendere in considerazione la coerenza dei risultati tra gli studi, la dimensione del campione e l'adeguatezza dei metodi di studio utilizzati. Dobbiamo anche considerare i limiti dello studio, come il rischio di bias e la generalizzabilità dei risultati.

Una volta che le informazioni sono integrate e interpretate criticamente, queste conclusioni possono essere utilizzate per valutare razionalmente l'efficacia del farmaco.

Puoi considerare la forza delle prove disponibili e l'applicabilità dei risultati alla pratica clinica e prendere decisioni informate sull'uso di farmaci per curare la malattia in questione.

La sintesi delle informazioni e l'interpretazione critica possono essere applicate in una varietà di contesti di vita reale professionale e personale.

CAPITOLO 15
IL PENSIERO CRITICO E LE SUE APPLICAZIONI

PENSIERO CRITICO E RICERCA SCIENTIFICA

Nella ricerca scientifica, la sintesi e l'interpretazione critica delle informazioni sono essenziali per trarre conclusioni valide e affidabili.

I ricercatori devono sintetizzare e analizzare criticamente le informazioni provenienti da varie fonti come studi accademici, articoli, libri e conferenze per ottenere una comprensione accurata di un particolare argomento.

Questo processo di sintesi e interpretazione critica delle informazioni consente ai ricercatori di valutare la forza delle prove, identificare le lacune nella ricerca esistente e sviluppare nuove teorie e ipotesi.

Ad esempio, immagina un ricercatore che studia gli effetti del cambiamento climatico sulla biodiversità marina.

La sintesi delle informazioni e l'interpretazione critica gli consentono di raccogliere dati e informazioni da una varietà di fonti, tra cui: studi scientifici, rapporti governativi, dati di monitoraggio ambientale e pubblicazioni scientifiche.

I ricercatori utilizzano quindi tecniche di sintesi e analisi critica per valutare la solidità delle prove, identificare i modelli emergenti, valutare i possibili impatti e trarre conclusioni informate sulla base dei dati raccolti.

IL PENSIERO CRITICO E LA LEADERSHIP AZIENDALE

Nella leadership aziendale, sintetizzare e interpretare criticamente le informazioni è essenziale per prendere decisioni informate e basate sui dati.

I manager devono analizzare grandi quantità di informazioni da una varietà di fonti, inclusi dati finanziari, rapporti di mercato, analisi della concorrenza, feedback dei clienti e dati all'interno dell'organizzazione per prendere decisioni strategiche.

Ad esempio, se un'azienda desidera espandersi in un nuovo mercato estero.

Sintetizzando e interpretando criticamente le informazioni, i manager raccolgono e analizzano dati su mercati, concorrenza, preferenze dei consumatori, fattori culturali ed economici per valutare opportunità.

L'analisi critica delle informazioni consente ai manager di prendere decisioni informate sulla base delle prove disponibili, riducendo al minimo il rischio e massimizzando la probabilità di successo.

IL PENSIERO CRITICO E L'APPRENDIMENTO RIVOLUZIONARIO

Anche nell'insegnamento e nell'apprendimento, la sintesi critica e l'interpretazione delle informazioni è essenziale per una comprensione accurata e profonda di nuovi concetti e argomenti.

Gli studenti devono imparare a raccogliere, sintetizzare e interpretare criticamente le informazioni da una varietà di fonti come libri di testo, documenti accademici, presentazioni e risorse online.

Immagina che uno studente universitario che fa ricerche su un argomento complesso come le neuroscienze.

La sintesi delle informazioni e l'interpretazione critica ti consentiranno di leggere e comprendere un'ampia gamma di fonti come libri di testo, documenti di ricerca e ricerche accademiche.

Utilizzando tecniche di sintesi, analisi critica e interpretazione, gli studenti sono in grado di collegare informazioni disparate, identificare concetti chiave, valutare la forza delle prove e sviluppare una comprensione precisa dell'argomento.

Questo processo di sintesi e interpretazione critica delle informazioni consente agli studenti di acquisire una conoscenza approfondita e applicare criticamente tale conoscenza a situazioni del mondo reale e problemi complessi.

IL PENSIERO CRITICO E LE DECISIONI PERSONALI

La sintesi delle informazioni e l'interpretazione critica sono importanti anche nelle decisioni personali nella vita di tutti i giorni al fine di prendere decisioni ben informate e ben fondate.

Ad esempio, quando prendiamo decisioni su salute, finanze, relazioni o qualsiasi altra area della vita, dobbiamo raccogliere e analizzare un'ampia varietà di informazioni per prendere decisioni ben informate.

Ipotizza che una persona deve prendere una decisione sulla scelta di un nuovo lavoro.

La sintesi e l'interpretazione critica delle informazioni ci consente di raccogliere e valutare informazioni su opportunità di lavoro, prospettive di carriera, punti di forza e di debolezza di ciascuna opzione, condizioni di lavoro, stipendi e altre informazioni rilevanti.

Utilizzando tecniche di integrazione e analisi critica, puoi valutare attentamente le informazioni disponibili, soppesare i pro ei contro di ciascuna opzione e prendere decisioni informate sulla base delle prove raccolte.

APPLICAZIONE OMNICONTESTUALE DEL PENSIERO CRITICO

Il pensiero critico può essere applicato in una varietà di contesti, inclusi quelli politici, economici, ambientali e sociali.

Ad esempio, in un contesto politico, la sintesi delle informazioni e l'interpretazione critica possono essere utilizzate per valutare le diverse prospettive e posizioni dei candidati politici, per comprendere le loro proposte e strategie e per partecipare alle elezioni e ai dibattiti pubblici, aiutando a prendere decisioni informate.

Nel campo dell'economia, la sintesi delle informazioni e l'interpretazione critica aiutano a valutare i dati economici, le tendenze del mercato e le previsioni finanziarie al fine di prendere decisioni di investimento e commerciali.

Per quanto riguarda l'ambiente, la sintesi delle informazioni e l'interpretazione critica possono essere utilizzate per valutare l'impatto ambientale di una particolare attività o politica, come il cambiamento climatico, la conservazione della biodiversità o la gestione delle risorse naturali.

Infine, le società possono applicare la sintesi delle informazioni e l'interpretazione critica per valutare questioni complesse come i diritti umani, l'uguaglianza di genere, l'inclusione sociale e la salute pubblica e per prendere decisioni ben informate.

Un esempio di come la sintesi delle informazioni e l'interpretazione critica possono essere applicate a situazioni del mondo reale è la valutazione di nuovi trattamenti per malattie croniche come il diabete.

La sintesi delle informazioni e l'interpretazione critica sono abilità fondamentali per valutare e utilizzare efficacemente le informazioni raccolte in una varietà di situazioni professionali e personali.

Queste tecniche ci consentono di organizzare e analizzare sistematicamente le informazioni, valutarne la qualità e l'affidabilità, identificare le relazioni tra varie fonti e trarre conclusioni informate.

Sia nella ricerca scientifica che nella gestione aziendale, l'integrazione e l'interpretazione critica delle informazioni è essenziale per prendere decisioni informate e basate sui dati.

CAPITOLO 16
LE SFIDE: SUPERA I BIAS E L'IMPARZIALITA'

L'incontro con il vasto e complesso mondo del pensiero critico potrà certamente sollevare il velo su una delle sfide più ardue e, allo stesso tempo, più affascinanti della ragione umana:

superare i pregiudizi e ricercare continuamente l'equità.

Nasce così la necessità di sviscerare il concetto di "bias" e di decifrare come esso penetri, spesso in maniera subdola, nei meandri del nostro ragionamento.

I pregiudizi, o pregiudizi cognitivi, rappresentano tendenze automatiche, spesso inconsce, che guidano il nostro ragionamento e le nostre decisioni in determinate direzioni piuttosto che in altre.

Possono provenire da molte fonti diverse:

esperienze personali, credenze culturali, aspettative sociali e persino la neurobiologia inerente al funzionamento del nostro cervello.

Ecco, sconfiggere questi ingegnosi intrusi del pensiero significa impegnarsi in una rigorosa introspezione, volta a riconoscere e far esplodere il potenziale di giudizi affrettati o di giudizi sbagliati, pienamente considerati.

D'altro canto, il viaggio verso l'equità non consiste semplicemente nell'eliminare i pregiudizi, ma comprende anche il difficile compito di abbracciare con onestà e curiosità intellettuale le diverse prospettive che emergono da qualsiasi problema.

Si tratta di dare spazio alla legittima espressione di argomenti e punti di vista che possono discostarsi, anche in modo significativo, dalle nostre convinzioni più salde o dalle nostre aspettative più fermamente radicate.

In questo senso, l'imparzialità si manifesta non solo nella fredda indifferenza o nella sterile neutralità, ma anche come un caloroso invito a fare un salto audace nel diverso universo delle idee dove ogni idea è accolta, considerata e considerata. con serenità e rispetto.

La vera equità richiede quindi un vero spirito di apertura e un genuino interesse per il diverso, il nuovo, l'ignoto.

Tuttavia, le domande che sorgono spontanee e che costituiscono la base di questo capitolo sono:

Come possiamo davvero superare i nostri pregiudizi? Come coltivare e preservare un atteggiamento imparziale, senza cadere nella trappola di nuovi subdoli pregiudizi, o senza cadere nell'indifferenza del relativismo assoluto?

Esplorare queste domande significa immergersi nelle acque a volte calme, a volte turbolente della psicologia, della filosofia e delle neuroscienze, da un lato, per comprendere i meccanismi che danno forma ai pregiudizi e, dall'altro, le strategie possono guidarci verso la realtà, sebbene sempre temporaneo e locale, impersonale.

Quando approfondiamo il pensiero critico, ci immergiamo in una dialettica continua con i nostri processi cognitivi. In questo senso, il percorso verso la neutralità diventa un processo di pratica continua e consapevole, un esercizio che ci impone di mantenere una diligente vigilanza sui nostri meccanismi mentali e su come interagiscono con il mondo esterno.

Le neuroscienze forniscono informazioni sulle origini neurologiche e cognitive del pregiudizio.

La ricerca mostra che il nostro cervello tende a funzionare secondo determinati schemi prestabiliti, permettendoci di elaborare rapidamente le informazioni e rispondere in modo efficace agli stimoli ambientali. Tuttavia, questa efficienza percepita ha un costo:

Le euristiche, ovvero le "scorciatoie" mentali che il cervello adotta per accelerare il processo decisionale, possono indurci a formulare giudizi e giudizi errati. Pertanto, il compito che dobbiamo affrontare diventa duplice:

Da un lato, è necessario sviluppare una profonda consapevolezza di come i pregiudizi influenzano il nostro pensiero e, dall'altro, è necessario sviluppare strategie che ci permettano di navigare nelle acque, a volte insidiose, dei nostri stessi pregiudizi senza rimanerne intrappolati. da quei pregiudizi. Cognome.

Pertanto, un atteggiamento critico implica la capacità di mantenere una postura interrogativa, di sospendere il giudizio e di osservare la realtà che ci circonda con occhi curiosi e aperti, riconoscendo la complessità e la diversità dei suoi aspetti.

E quindi richiede la capacità di abbracciare il dubbio, accettare l'incertezza e convivere con l'ambiguità, elementi che caratterizzano il panorama dinamico e sfuggente della nostra conoscenza.

Pertanto, le strategie di dibattito devono basarsi non solo sulla logica e sulla coerenza ma soprattutto sul rispetto e sulla valorizzazione delle differenze.

Un argomento solido e critico si distingue per la sua capacità di considerare molteplici voci e di creare con loro un dialogo costruttivo, anche se ciò significa incontrare resistenze, opposizioni e contraddizioni. In questa prospettiva, il dibattito diventa non un campo di battaglia, dove il fine ultimo è la vittoria della propria argomentazione, ma un luogo di incontro e di scambio, dove il vero successo si misura attraverso la capacità di arricchirsi e arricchirsi attraverso il dialogo con gli altri.

In questo viaggio continuo e sfaccettato, il pensiero critico si nutre della tensione dialettica tra l'accettazione dei propri limiti e la spinta verso un'apertura sempre maggiore.

Riconoscere i propri pregiudizi non significa automaticamente liberarsene, ma diventa il primo passo essenziale per costruire un percorso di comprensione e crescita critico, riflessivo e profondamente umano.

CAPITOLO 17
PENSIERO CRITICO E PROBLEM SOLVING

C ome accennato in precedenza, il pensiero critico è un'abilità chiave per affrontare con successo problemi complessi che sorgono nella vita quotidiana e nel lavoro.

Il pensiero critico ci consente di analizzare, valutare e interpretare le informazioni in modo accurato e razionale e di prendere decisioni ben informate e ponderate.

Nel contesto della risoluzione dei problemi, il pensiero critico diventa un'abilità fondamentale per identificare le cause alla radice dei problemi, generare soluzioni alternative e valutare i possibili risultati prima di prendere decisioni.

In questo capitolo esplorerai la relazione tra pensiero critico e capacità di problem solving e apprenderai tecniche pratiche per applicare il pensiero critico nel processo di problem solving.

Vedremo anche alcuni esempi di come il pensiero critico può essere utilizzato per risolvere problemi complessi nella vita quotidiana e nel lavoro.

Il pensiero critico e la risoluzione dei problemi sono strettamente correlati e si influenzano a vicenda.

Il pensiero critico è l'abilità che ci consente di analizzare, valutare e interpretare le informazioni in modo accurato e razionale, mentre il problem solving è la capacità di identificare, analizzare e risolvere i problemi che sorgono nella nostra vita quotidiana e nel nostro lavoro.

Di fronte a un problema, il pensiero critico ci consente di analizzare e valutare accuratamente una situazione, identificare le informazioni rilevanti, valutarne l'affidabilità e la coerenza e considerare diverse prospettive.

Questa analisi critica consente di comprendere appieno il problema e identificare la causa principale.

Una volta identificata la causa principale, il pensiero critico aiuta a sviluppare soluzioni alternative e valutarle obiettivamente considerando le possibili conseguenze di ciascuna soluzione.

Il pensiero critico ci aiuta anche a evitare di prendere decisioni affrettate o prendere decisioni basate su informazioni incomplete o distorte.

Ciò ti consentirà di valutare attentamente le informazioni disponibili e prendere decisioni informate basate su un'accurata comprensione della situazione e dei possibili esiti delle varie opzioni.

Inoltre, il pensiero critico ci aiuta a identificare i pregiudizi che possono influenzare la nostra valutazione delle situazioni e delle soluzioni proposte, permettendoci di prendere decisioni più obiettive e ponderate.

Tecniche per applicare il pensiero critico al processo di risoluzione dei problemi

Ecco alcune tecniche pratiche che puoi utilizzare per applicare il pensiero critico nel tuo processo di risoluzione dei problemi.

1. Identificare la causa:

Uno dei primi passaggi nel processo di risoluzione dei problemi è l'identificazione della causa principale del problema.

Il pensiero critico ci aiuta ad analizzare e valutare attentamente la situazione per identificare la causa principale del problema, piuttosto che affrontare solo i sintomi superficiali.

Per identificare la causa, è importante porsi alcune domande, come ad esempio:

"Quali sono le ragioni alla base di questo problema?", "Cosa ha contribuito alla sua creazione?" o "Quali sono i fattori alla base che hanno contribuito a questa situazione?" e identificare la vera causa del problema.

2. Generazione di una soluzione alternativa:

Una volta identificata la causa principale, il pensiero critico ci aiuta a trovare soluzioni alternative. Ciò significa andare oltre la prima soluzione, esaminare diverse opzioni e soppesarne oggettivamente pro e contro.

Il pensiero critico ti consente di sfidare preconcetti e soluzioni semplicistiche, esplorare diverse prospettive e trovare soluzioni creative e innovative ai problemi.

3. Valutazione dei possibili risultati:

Dopo aver generato diverse soluzioni alternative, il pensiero critico ti aiuta a valutare attentamente le possibili conseguenze di ciascuna opzione.

Puoi analizzare gli effetti positivi e negativi di ogni soluzione proposta, considerando i suoi punti di forza e di debolezza, gli impatti a breve e lungo termine e i potenziali impatti in diverse situazioni e contesti.

Il pensiero critico in questa fase consente di valutare con precisione le potenziali conseguenze delle diverse opzioni e prendere decisioni informate.

4. Analisi costi-benefici:

Un'altra tecnica di pensiero critico che può essere utilizzata per la risoluzione dei problemi è l'analisi costi-benefici.

Ciò include una valutazione dei costi e dei benefici associati a ciascuna soluzione proposta.

Il costo può essere inteso non solo in termini di denaro, ma anche in termini di risorse, tempo, impegno o altri fattori rilevanti.

I benefici possono includere risultati positivi attesi, obiettivi raggiunti o soluzioni a problemi identificati.

Un'analisi costi-benefici ti aiuta a valutare razionalmente le diverse opzioni e a soppesare attentamente i pro ei contro prima di prendere una decisione.

5. Soluzione di prova:

Una volta scelta una soluzione, questa viene praticamente testata dal pensiero critico e i risultati valutati.

Ciò significa implementare la soluzione scelta e osservare i risultati ottenuti.

Se una soluzione non funziona come previsto o sorgono nuovi problemi, il pensiero critico ti consente di modificare la soluzione e adattarti di conseguenza.

Questo processo di valutazione e regolazione delle soluzioni può essere iterativo e continuo finché il problema non viene completamente risolto.

CAPITOLO 18
RISOLVERE PROBLEMI COMPLESSI NELLA VITA QUOTIDIANA E NEL LAVORO

Il pensiero critico può essere applicato in molte situazioni diverse, sia nella nostra vita quotidiana che al lavoro.

Ecco alcuni esempi di come il pensiero critico può essere utilizzato per risolvere problemi complessi.

RISOLUZIONE DEI PROBLEMI SUL POSTO DI LAVORO:

Nel contesto del lavoro, il pensiero critico è essenziale per affrontare questioni complesse che possono sorgere in diversi settori e professioni.

Ad esempio, i manager possono utilizzare il pensiero critico per identificare le cause alla radice della scarsa produttività nei propri team, valutare attentamente i fattori che influiscono sulle prestazioni e trovare soluzioni alternative per porre rimedio alla situazione.

I tecnici possono pensare in modo critico per risolvere problemi tecnici, identificare possibili cause di malfunzionamenti del sistema e valutare le opzioni di riparazione o sostituzione.

Il pensiero critico è un'abilità chiave in molte discipline per risolvere problemi complessi e prendere decisioni ponderate e fondate.

RISOLUZIONE DEI PROBLEMI NELLA VITA QUOTIDIANA:

Il pensiero critico è essenziale anche nella nostra vita quotidiana per affrontare questioni complesse che possono influenzare la nostra salute, le relazioni, il denaro o altre aree della nostra vita.

Ad esempio, possiamo usare il pensiero critico per identificare la causa principale dei problemi con la privazione del sonno, l'alimentazione o altre condizioni mediche.

Quindi puoi sviluppare una soluzione alternativa come apportare modifiche allo stile di vita, consultare un medico o rivolgersi a un medico. Attraverso il pensiero critico, possiamo valutare attentamente le diverse opzioni e prendere decisioni informate per risolvere i problemi di salute.

RISOLUZIONE DEI PROBLEMI INTERPERSONALI:

Il pensiero critico è anche molto utile per risolvere complessi problemi interpersonali.

Ad esempio, il pensiero critico può essere utilizzato per identificare la causa principale di un conflitto con un amico o un familiare analizzando attentamente le diverse prospettive, le emozioni coinvolte e le situazioni che hanno portato al conflitto.

È quindi possibile sviluppare soluzioni alternative, cercare una comunicazione aperta, un compromesso o una mediazione da parte di terzi.

Attraverso il pensiero critico, puoi considerare obiettivamente diverse opzioni e prendere decisioni informate per risolvere efficacemente i conflitti.

RISOLUZIONE DEI PROBLEMI FINANZIARI:

Un'altra area in cui è possibile applicare il pensiero critico è la risoluzione di problemi finanziari.

Ad esempio, puoi pensare in modo critico per identificare la causa principale di problemi finanziari come:

Accumulare debiti o rendere meno efficienti le faccende domestiche analizzando attentamente le nostre abitudini di spesa, il comportamento finanziario e le circostanze che li hanno portati.

Successivamente puoi generare una soluzione alternativa come questa: tagliare le spese, creare un piano di servizio del debito o richiedere consulenza finanziaria.

Attraverso il pensiero critico, puoi valutare attentamente diverse opzioni e prendere decisioni informate per risolvere i tuoi problemi finanziari.

PENSIERO CRITICO E PROCESSI DECISIONALI:

Il pensiero critico è importante anche nel processo decisionale, specialmente quando si tratta di decisioni complesse o importanti.

Ad esempio, puoi valutare attentamente i pro e i contro di diverse opzioni di carriera, studio o investimento finanziario e pensare in modo critico per analizzare i rischi, i benefici e le conseguenze a lungo termine di ciascuna scelta.

Attraverso il pensiero critico, siamo in grado di prendere decisioni ben informate sulla base di un'accurata valutazione delle informazioni disponibili, considerando diverse prospettive.

In sintesi, il pensiero critico è un'abilità fondamentale nel processo di risoluzione dei problemi. Ciò consente di identificare le cause alla radice, generare soluzioni alternative e valutare attentamente le possibili conseguenze delle diverse opzioni.

Il pensiero critico può essere applicato in una varietà di situazioni, sia nella vita di tutti i giorni che al lavoro, e ci aiuta a prendere decisioni ben informate e ponderate per risolvere problemi complessi.

CAPITOLO 19
PENSIERO CRITICO E COMUNICAZIONE EFFICACE

Un'area importante in cui il pensiero critico può essere applicato con successo è la comunicazione orale e scritta, efficace.

Questo capitolo esamina il ruolo del pensiero critico nella comunicazione e come può aiutare a migliorare la qualità di quest'ultima in diverse situazioni.

LA COMUNICAZIONE EFFICACE

La comunicazione è parte integrante della nostra vita quotidiana e del nostro lavoro.

Comunichiamo con gli altri attraverso conversazioni, discussioni, presentazioni, scritti e media.

La qualità della comunicazione può avere un impatto significativo sulle nostre relazioni con gli altri, sulla comunicazione efficace delle idee e sul raggiungimento degli obiettivi condivisi.

L'uso del pensiero critico nelle tue comunicazioni può rendere i tuoi messaggi più propositivi, analitici e ponderati, risultando in comunicazioni più chiare e più precise.

Una delle prime capacità di pensiero critico che possono essere utilizzate nella comunicazione è l'analisi critica dei messaggi presentati.

Siamo spesso esposti a informazioni diverse provenienti da fonti diverse, come notizie, social media, pubblicità, discorsi politici e altre opinioni.

Il pensiero critico ci aiuta a valutare la coerenza e la logica del messaggio presentato.

È possibile analizzare se le informazioni esistenti sono logicamente coerenti e seguono una struttura significativa.

Puoi identificare se le comunicazioni contengono contraddizioni, se le affermazioni sono supportate.

Il pensiero critico ci consente di valutare l'efficacia delle informazioni piuttosto che accettarle senza un'adeguata valutazione. Un' altra importante capacità di pensiero critico nella comunicazione efficace è la capacità di rispondere in modo appropriato ai messaggi presentati.

Il pensiero critico ci permette di valutare le informazioni e di rispondere in modo riflessivo, piuttosto che reagire impulsivamente o emotivamente.

Possiamo analizzare i diversi punti di vista presenti, considerare le implicazioni delle diverse opzioni e valutare le conseguenze delle nostre risposte.

Possiamo anche riconoscere quando è necessario chiedere ulteriori informazioni o chiarimenti per comprendere appieno il messaggio e rispondere in modo appropriato.

Questo ci aiuta a comunicare in modo più ponderato, rispettoso e costruttivo, migliorando la qualità delle nostre interazioni con gli altri. Il pensiero critico può anche essere applicato nella comunicazione scritta, come nella scrittura di report, presentazioni, e-mail o messaggi su social media.

Una comunicazione scritta efficace richiede la capacità di organizzare le idee in modo chiaro e coerente, presentare argomentazioni supportate da prove e argomentazioni valide e adottare uno stile di scrittura appropriato al contesto e al pubblico.

Puoi anche usare il pensiero critico per rivedere e correggere la tua scrittura e identificare eventuali errori logici, incoerenze o ambiguità nel tuo testo prima di condividerlo con gli altri.

Inoltre, il pensiero critico può migliorare la qualità della comunicazione nelle situazioni di discussione e dibattito. Spesso ci troviamo in situazioni in cui dobbiamo esprimere la nostra opinione o difendere la nostra posizione.

Applicando questa metodologia riuscirai ad analizzare diversi punti di vista, valutare le prove che supportano la tua opinione e adottare un approccio razionale e informato alla comunicazione.

Puoi evitare di cadere nella trappola della retorica emotiva, degli attacchi personali e delle argomentazioni deboli, presentando invece argomentazioni solide e ben fondate.

Il pensiero critico ci aiuta anche ad essere aperti alla discussione e al dialogo, ad ascoltare attivamente gli altri e a rispondere in modo.

Una comunicazione efficace sul posto di lavoro è un'abilità chiave per il successo professionale dove una grande varietà di contesti aziendali, tra cui: riunioni, presentazioni, negoziazioni o problemi di comunicazione interna o esterna, necessitano l'impiego del pensiero critico.

Attraverso il pensiero critico, puoi diventare più strategico e propositivo nelle tue comunicazioni e migliorare la tua capacità di persuadere, influenzare e gestire situazioni complesse. Inoltre, il pensiero critico può essere applicato alla comunicazione interculturale e alle situazioni lavorative con team multietnici o multilingue.

Diventa ancora più importante nel contesto della comunicazione interculturale, poiché le differenze culturali possono influenzare la percezione e l'interpretazione dei messaggi.

Il pensiero critico ci aiuta a riconoscere le differenze culturali, evitare stereotipi e pregiudizi e cercare di comprendere appieno il contesto culturale dell'altro prima di reagire.

Ci aiuta a considerare attentamente le parole che usiamo, il tono della voce, il linguaggio del corpo e altri elementi di comunicazione non verbali per garantire che il nostro messaggio sia chiaro e appropriato al nostro contesto culturale

Inoltre, il pensiero critico aiuta a valutare la validità delle informazioni presentate nella comunicazione interculturale.

Riconosciamo il potenziale di malintesi dovuti a differenze di lingua, cultura o contesto e potremmo tentare di chiarire le ambiguità prima di saltare a conclusioni o rispondere prematuramente.

Il pensiero critico ci permette di avere una visione più globale e complessa della situazione tenendo conto delle diverse prospettive culturali e cercando di evitare giudizi e conclusioni affrettate.

Oltre alle situazioni lavorative, il pensiero critico è importante anche nelle comunicazioni mediatiche come leggere le notizie, guardare contenuti online e ascoltare discorsi pubblici.

Nell'era dell'informazione digitale, la capacità di valutare criticamente le informazioni è essenziale per prevenire la diffusione di notizie false o fuorvianti e per distinguere i fatti dalle opinioni.

Il pensiero critico valuta la credibilità delle fonti, cerca conferme indipendenti delle informazioni, analizza possibili pregiudizi e interessi nascosti dietro i contenuti dei media e prende decisioni ben informate sulla base di prove concrete.

Inoltre, il pensiero critico può essere applicato alla comunicazione sociale e personale, interagendo con amici, familiari o altri sui nostri social network, ci consente di comunicare in modo efficace e rispettoso evitando conflitti o incomprensioni.

Possiamo pensare in modo critico, ascoltare attivamente gli altri, cercare di comprendere i loro sentimenti, bisogni e prospettive e rispondere in modo empatico e costruttivo.

Puoi anche usare il pensiero critico per controllare le tue emozioni e reazioni, evitare di cadere nelle trappole del giudizio, delle critiche e degli impulsi e comunicare in modo chiaro e onesto pur essendo rispettoso e sensibile.

TECNICHE PER SVILUPPARE UN PENSIERO CRITICO IN UNA COMUNICAZIONE EFFICACE

1. Fai una domanda.

Poni domande chiave per comprendere meglio i messaggi che ricevi. Poni domande chiarificatrici su concetti o informazioni vaghi o poco chiari.

2. Valutare la fonte.

Come già detto è sempre fondamentale analizzare la credibilità delle fonti che si ricevono.

Cerca fonti affidabili e imparziali e considera se dietro le informazioni presentate ci sono potenziali pregiudizi o interessi personali.

Assicurati che la fonte sia basata su dati verificabili e pubblicata da una fonte attendibile.

Fai attenzione a notizie o informazioni provenienti da fonti non verificate o notizie o informazioni che sembrano sensazionali.

3. Analizzare il contesto.

Considera le circostanze in cui avviene la comunicazione.

Cerca di capire il contesto culturale, sociale, politico o storico in cui si inserisce il tuo messaggio.

Valuta come il contesto influenza la percezione e l'interpretazione delle notizie e cerca di interpretare le notizie nel contesto appropriato. Analizza anche il contesto della situazione comunicativa stessa, inclusi luogo, tempo, feste e dinamiche relazionali.

4. Esaminare gli argomenti.

Esaminare criticamente affermazioni e accuse. Controlla la logica, la coerenza e la validità delle tue argomentazioni.

Valuta se ci sono prove concrete o se si basano su supposizioni o opinioni.

Cerca di identificare possibili errori e fraintendimenti, come appelli all'autorità, generalizzazioni frettolose e attacchi personali.

5. Considera diversi punti di vista.

Considera diverse prospettive sull'argomento in discussione.

Non cadere nella trappola del pensiero unilaterale.

Prova a valutare oggettivamente diversi punti di vista valutando prove, argomenti e contesto.

Essere aperti a diverse prospettive ti aiuterà a capire meglio la situazione e a comunicare in modo più efficace con gli altri.

6. Comunicare in modo chiaro e rispettoso:

Cerca di usare un linguaggio chiaro, diretto e rispettoso quando comunichi.

Evita un linguaggio offensivo, accusatorio o provocatorio.

Questi possono interferire con la comunicazione e creare conflitti.

Esprimi i tuoi pensieri e le tue opinioni con calma, onestà e rispetto e ascolta attentamente senza interrompere o giudicare gli altri.

7. Ascolta attentamente:

Ascolta attentamente le comunicazioni degli altri. Presta attenzione non solo alle parole, ma anche ai toni della voce, al linguaggio del corpo e ad altri segnali non verbali.

Sii chiaro su ciò che gli altri stanno cercando di trasmettere e mostra rispetto e interesse per le loro opinioni e punti di vista. Poni domande di follow-up per chiarire il loro punto di vista e mostrare empatia per le loro esperienze e opinioni, anche se non sei d'accordo con loro.

Mostrare genuina comprensione e rispetto per gli altri durante la comunicazione aiuta a creare fiducia e apertura, consentendo una comunicazione più efficace.

8. Sii consapevole delle tue emozioni.

Le emozioni possono influenzare la tua capacità di pensare in modo critico e comunicare in modo efficace.

Sii consapevole delle tue emozioni e gestiscile in modo appropriato durante la comunicazione.

Non lasciare che le tue emozioni dominino la tua capacità di analizzare i messaggi in modo obiettivo e rispondere in modo appropriato. Se ti senti coinvolto emotivamente, calmati prima di rispondere.

9. Usa prove e fatti:

Durante la comunicazione, prova a sostenere le tue affermazioni con prove e fatti verificabili.

Evita di fare affermazioni prive di fondamento o affermazioni basate su opinioni personali non comprovate.

Assicurati di utilizzare fonti credibili e verificabili per sostenere le tue affermazioni e presentare i fatti in modo chiaro e comprensibile.

L'uso di prove e fatti solidi può rafforzare la validità e la credibilità delle tue affermazioni e migliorare la qualità della tua comunicazione.

10. Coltivare capacità di pensiero critico nella scrittura.

Il pensiero critico è essenziale anche nella comunicazione scritta.

Mentre scrivi, analizza criticamente le informazioni che stai presentando e cerca di presentarle in modo chiaro, logico e coerente.

Prestare attenzione alla struttura del testo, all'uso di argomentazioni ben strutturate e all'uso di prove e fatti verificabili.

Evita un linguaggio vago o ambiguo e cerca di trasmettere i tuoi pensieri in modo conciso e accurato.

11. Pratica il pensiero critico nella tua vita quotidiana:

Il pensiero critico è un'abilità che può essere sviluppata e migliorata con la pratica.

Cerca di applicare il pensiero critico alla tua vita quotidiana, non solo in situazioni di comunicazione formale, ma anche in situazioni di comunicazione informale.

Ad esempio, puoi esercitarti a valutare criticamente le notizie che leggi sui social media, le dichiarazioni che ascolti da amici e colleghi, le pubblicità e le informazioni che ricevi nella tua vita quotidiana.

CAPITOLO 20
PENSIERO CRITICO E GESTIONE DEI CONFLITTI

Quando si tratta di conflitto, il pensiero critico può svolgere un ruolo importante nella ricerca di soluzioni costruttive e nella gestione efficace delle diverse prospettive coinvolte.

Esamina le capacità di pensiero critico necessarie per affrontare e risolvere, le tecniche per analizzare criticamente le diverse prospettive coinvolte nel conflitto, identificando la radice cause e trovare soluzioni creative.

Vedremo anche esempi di come il pensiero critico può essere utilizzato per risolvere i conflitti in una varietà di situazioni, tra cui il lavoro, le relazioni e la società.

Affrontare e risolvere i conflitti in modo costruttivo richiede la capacità di pensare in modo critico e analizzare le situazioni in modo obiettivo.

Una delle prime capacità di pensiero critico necessarie per la risoluzione dei conflitti è la capacità di riconoscere e gestire le proprie emozioni.

I conflitti possono scatenare emozioni intense come rabbia, frustrazione, paura e tristezza e influenzare la tua capacità di pensare in modo razionale e obiettivo.

Sviluppare la capacità di gestire le tue emozioni è importante.

Un'altra importante capacità di pensiero critico è l'ascolto attivo. Ascolto attivo significa ascoltare attentamente le diverse prospettive coinvolte nel conflitto e cercare di comprendere le prospettive degli altri in modo empatico e non giudicante.

Ciò richiede la capacità di entrare in empatia con gli altri e cercare di comprendere le loro ragioni, interessi e preoccupazioni. Ascoltando attivamente, puoi ottenere un quadro più completo della situazione e identificare la causa principale del conflitto.

Una volta comprese le varie prospettive coinvolte, il pensiero critico può essere utilizzato per analizzare criticamente la situazione.

Ciò include la valutazione delle informazioni disponibili, la ricerca di fatti, l'identificazione di convinzioni vere o false asserite e il tentativo di separare i fatti dalle opinioni o dalle interpretazioni personali.

Il pensiero critico ci permette anche di individuare errori e fraintendimenti nelle argomentazioni delle varie parti in conflitto. Una volta identificata la causa principale del conflitto, possiamo usare il pensiero critico per trovare soluzioni creative.

Ciò significa la capacità di generare idee diverse, valutarle in base alle loro conseguenze e fattibilità e cercare di trovare soluzioni vantaggiose per tutte le parti coinvolte.

Il pensiero critico ci aiuta a superare il pensiero rigido o polarizzato e a considerare soluzioni innovative che possano risolvere i conflitti in modo costruttivo e duraturo.

Esistono diverse tecniche di pensiero critico che possono essere utilizzate per analizzare criticamente le diverse prospettive coinvolte nel conflitto e identificare le cause alla radice.

Uno di questi è l'analisi SWOT, che sta per Strengths, Weaknesses, Opportunities e Threats.

Questa tecnica come anticipato in precedenza, consente una valutazione obiettiva dei punti di forza e di debolezza delle diverse prospettive coinvolte nel conflitto, nonché delle opportunità e delle minacce associate a ciascuna prospettiva.

Questo aiuta a identificare le fonti di potenziali risoluzioni e fattori che contribuiscono ai conflitti.

Un'altra tecnica di pensiero critico è il modello di risoluzione dei problemi.

Ciò include l'identificazione dei problemi, la generazione di alternative, la valutazione delle alternative e la scelta della soluzione migliore.

Questo approccio strutturato ci consente di analizzare criticamente diverse opzioni e scegliere la soluzione più appropriata per affrontare il conflitto.

Il pensiero critico può anche essere utilizzato per identificare e sfidare false credenze e percezioni distorte che possono contribuire al conflitto. Ciò richiede la capacità di esaminare obiettivamente le convinzioni e le aspettative di un individuo e confrontarle con la realtà oggettiva della situazione.

Il pensiero critico ci aiuta a sfidare verità affermate e pregiudizi che possono influenzare la nostra percezione del conflitto e cercare una visione più accurata della situazione.

Una volta identificata la causa principale del conflitto, possiamo usare il pensiero critico per trovare soluzioni creative.

Ciò implica la capacità di sviluppare idee nuove e diverse, anche al di fuori del quadro tradizionale, e di valutare attentamente i possibili esiti di ogni soluzione.

Il pensiero critico ci consente di considerare attentamente i pro ei contro di ciascuna opzione e considerare quale soluzione sia più vantaggiosa per tutte le parti coinvolte nella controversia.

Di seguito sono riportati alcuni esempi di come il pensiero critico può essere utilizzato per gestire i conflitti sul posto di lavoro.

Immagina di lavorare in un team di progetto e di avere un conflitto con un collega sulle responsabilità del progetto e sull'assegnazione delle attività.

All'inizio potresti sentirti arrabbiato o frustrato e potresti essere tentato di reagire emotivamente al conflitto.

Tuttavia, attraverso il pensiero critico, puoi iniziare a praticare l'ascolto attivo e cercare di entrare in empatia con le preoccupazioni e le ragioni dei tuoi colleghi.

Un'analisi SWOT può quindi essere utilizzata per valutare obiettivamente i punti di forza e di debolezza delle diverse prospettive coinvolte nel conflitto.

Ad esempio, considerando i rischi ei benefici di diversi incarichi di lavoro e responsabilità, è possibile identificare le opportunità e le minacce associate a ciascuna prospettiva.

Un modello di risoluzione dei problemi può essere utilizzato per generare alternative per la gestione dei conflitti, ad esempio suggerendo un nuovo piano di distribuzione delle attività che tenga conto delle competenze e delle preferenze di entrambi i membri del team.

È quindi possibile valutare attentamente le diverse opzioni, considerando le possibili conseguenze e gli effetti a lungo termine.

Inoltre, puoi pensare in modo critico per identificare false credenze e percezioni distorte che potrebbero contribuire al conflitto.

Ad esempio, puoi esaminare più da vicino le tue convinzioni sui ruoli e le responsabilità dei tuoi colleghi e confrontarle con la realtà oggettiva della situazione.

Questo aiuta a evitare malintesi e pregiudizi che possono influire negativamente sulla risoluzione dei conflitti.

Infine, attraverso il pensiero critico, puoi prendere in considerazione diverse prospettive e trovare soluzioni creative in grado di soddisfare le esigenze di entrambe le parti in conflitto. Raggiungi gli obiettivi del progetto e lavora con i colleghi. Puoi provare a trovare un compromesso o un vantaggio per tutti soluzione che ti permette di mantenere la tua relazione.

Al di là del contesto lavorativo, il pensiero critico può essere utilizzato anche per risolvere i conflitti in altri ambiti della vita, come interpersonali e sociali.

Ad esempio, può essere utilizzato nelle relazioni personali per analizzare le diverse prospettive ed emozioni coinvolte nel conflitto interpersonale e trovare soluzioni che tengano conto dei bisogni e delle opinioni di entrambe le parti.
In un contesto sociale, il pensiero critico può essere utilizzato per analizzare obiettivamente diverse prospettive nelle controversie sociali come i dibattiti su questioni politiche o sociali.

Il pensiero critico ci aiuta a sfidare false credenze e pregiudizi e a trovare soluzioni basate su fatti e argomentazioni razionali.

Inoltre, il pensiero critico può essere utilizzato per affrontare e risolvere i conflitti a livello di sistema come; questioni relative alla giustizia sociale o alla disuguaglianza.

Il pensiero critico ci aiuta a esaminare le cause profonde di tali conflitti, identificare le cause strutturali e sviluppare soluzioni innovative che possono contribuire a un cambiamento positivo nella società.

In sintesi, il pensiero critico è la capacità fondamentale di impegnarsi in modo costruttivo e risolvere i conflitti.

Analizzando obiettivamente una varietà di prospettive rilevanti, identificando le cause profonde e generando soluzioni, il pensiero critico è un modo efficace per affrontare i conflitti in una varietà di situazioni, come il lavoro, le relazioni e la società.

Un altro esempio potrebbe esserci in un contesto aziendale, il pensiero critico può essere utilizzato per gestire i conflitti tra i membri del team o tra dipendenti e manager.

Considerare criticamente una varietà di prospettive rilevanti ci aiuta a comprendere il contesto del conflitto e identificare le cause effettive come le differenze nella comunicazione, i diversi modi di lavorare e le aspettative poco chiare.

Una volta identificata la causa, puoi usare il pensiero critico per trovare soluzioni creative come: ridistribuzione dei compiti, revisione delle procedure o promozione di una comunicazione aperta e costruttiva tra le parti interessate.

In un contesto sociale, il pensiero critico può essere utilizzato per affrontare controversie su questioni politiche, sociali o culturali.

Evitare la diffusione di informazioni false o tendenziose e promuovere discussioni razionali e costruttive analizzando criticamente i diversi punti di vista, ricercando fonti attendibili di informazioni e affermando opinioni basate su fatti verificabili.

Il pensiero critico aiuta anche a identificare le cause dei conflitti sociali, come le disuguaglianze strutturali e le ingiustizie, ea sviluppare soluzioni innovative e sostenibili che promuovano un cambiamento sociale positivo.

CAPITOLO 21
PENSIERO CRITICO E INTELLIGENZA EMOTIVA

L'intelligenza emotiva e il pensiero critico sono due abilità chiave per il successo nella tua vita personale e professionale.

L'intelligenza emotiva si riferisce alla capacità di comprendere le emozioni ed esprimerle in modo solido ed efficace, mentre il pensiero critico include la capacità di analizzare, valutare e risolvere i problemi in modo razionale e logico.

Questo capitolo esplora l'importanza di queste due abilità e come possono lavorare insieme per migliorare la tua vita.

L'intelligenza emotiva è un insieme di abilità che include la consapevolezza di sé, la gestione delle emozioni, l'empatia e le abilità sociali.

Ci aiuta a capire le nostre emozioni e a rispondere in modo appropriato a quelle degli altri.

La consapevolezza di sé è il primo passo per sviluppare l'intelligenza emotiva.

Significa essere consapevoli delle proprie emozioni e dei propri punti di forza e di debolezza.

La gestione emotiva è la capacità di regolare le tue emozioni in modo che non ti sopraffanno.

L'empatia è la capacità di comprendere e condividere i sentimenti degli altri e le abilità sociali sono la capacità di formare e mantenere relazioni sane e benefiche.

L'integrazione dell'intelligenza emotiva e del pensiero critico è essenziale per comprendere in modo completo le situazioni e prendere decisioni informate.

L'intelligenza emotiva ti aiuta a riconoscere le emozioni che provi quando pensi in modo critico.

Questo ti aiuterà a capire come le emozioni influenzano il tuo processo decisionale e come gestirle in modo efficace.

Allo stesso tempo, il pensiero critico ci aiuta a valutare oggettivamente le informazioni emotive ed evitare l'influenza irrazionale delle emozioni.

L'intelligenza emotiva facilita il pensiero critico fornendo un contesto emotivo alle informazioni che analizzi.

Ci aiuta a considerare le prospettive di altre persone, sviluppare empatia e valutare le conseguenze che le nostre decisioni possono avere sulle persone coinvolte.

Il pensiero critico, invece, arricchisce l'intelligenza della mente permettendoci di analizzare razionalmente le emozioni e le situazioni che incontriamo.

Questo ti aiuta a valutare la legittimità delle tue emozioni, a evitare pensieri prevenuti e a comprendere meglio le tue reazioni emotive.

L'intelligenza emotiva e il pensiero critico sono due abilità essenziali per il successo nella tua vita personale e professionale.

L'integrazione di queste due abilità ti aiuterà a prendere decisioni informate, comprendere le emozioni in modo sano ed efficace e gestire le relazioni in modo gratificante.

Lo sviluppo di queste abilità richiede pratica e consapevolezza, ma i benefici che ne derivano sono inestimabili.

Investire nel miglioramento della nostra intelligenza emotiva e del pensiero critico porta a una maggiore felicità, successo e soddisfazione nelle nostre vite.

CAPITOLO 22
PENSIERO CRITICO E LEADERSHIP

I l pensiero critico è un'abilità chiave per i leader di successo, poiché consente loro di valutare accuratamente le informazioni, prendere decisioni ben informate e gestire il cambiamento in modo efficace.

Questo capitolo esplora il ruolo del pensiero critico nelle capacità di leadership efficaci, le tecniche per utilizzare il pensiero critico nella leadership e come il pensiero critico funziona in vari contesti come il lavoro, la politica, l'istruzione e le organizzazioni no profit.

LEADERSHIP E VALUTAZIONE DELLE INFORMAZIONI

Una delle tecniche chiave per utilizzare il pensiero critico nella leadership è la valutazione delle informazioni. I dirigenti devono essere in grado di distinguere tra fatti verificabili e opinioni personali, raccogliere dati da una varietà di fonti e analizzare criticamente le informazioni disponibili.

Ad esempio, i leader politici devono essere in grado di valutare criticamente varie fonti di notizie e informazioni politiche al fine di prendere decisioni informate e guidare efficacemente partiti e governi.

LEADERSHIP E PROCESSI DECISIONALI

Un'altra importante tecnica di pensiero critico nella leadership è il processo decisionale basato sull'evidenza.

I dirigenti devono essere in grado di raccogliere dati e informazioni rilevanti, analizzarli criticamente e prendere decisioni basate su prove concrete piuttosto che su supposizioni o pregiudizi personali.

Ciò richiede la capacità di valutare obiettivamente le opzioni disponibili, analizzarne i punti di forza e di debolezza e soppesare l'impatto a lungo termine delle decisioni.

LEADERSHIP E GESTIONE DEL CAMBIAMENTO

La gestione del cambiamento è un'altra area in cui il pensiero critico è essenziale per i leader.

Il cambiamento è una costante nella vita di un'organizzazione, richiede adattabilità e una valutazione critica degli impatti e delle opportunità associate.

I leader devono essere in grado di analizzare obiettivamente il cambiamento, valutarne l'impatto sull'organizzazione e prendere decisioni informate sulla gestione del cambiamento.

Ad esempio, i dirigenti dell'istruzione devono pensare in modo critico, valutare l'impatto dei nuovi metodi di insegnamento e dei cambiamenti del curriculum scolastico, analizza gli impatti su studenti, insegnanti e comunità e prendi decisioni informate sulle migliori strategie per un cambiamento di successo.

Inoltre, il pensiero critico può essere utilizzato nella gestione del cambiamento all'interno di un'organizzazione.

I leader che hanno la capacità di pensare in modo critico sono in grado di valutare il potenziale impatto del cambiamento, considerare le diverse prospettive dei dipendenti e sviluppare strategie per affrontare la resistenza e mitigare il rischio.

Ciò garantisce che le modifiche vengano implementate in modo efficace e che gli impatti siano gestiti in modo responsabile.

LEADERSHIP E GESTIONE DINAMICHE DI GRUPPO

Un altro esempio di come il pensiero critico può essere applicato alla leadership è la capacità di gestire le dinamiche di gruppo e le relazioni interpersonali.

I leader che usano il pensiero critico sono in grado di valutare le dinamiche di gruppo, identificare potenziali conflitti, cercare di comprendere diverse prospettive e gestire le relazioni interpersonali in modo efficace.

L'ascolto attivo, l'empatia e la valutazione critica delle dinamiche interpersonali sono necessari per mantenere un ambiente di lavoro produttivo.

LEADERSHIP E PIANIFICAZIONE STRATEGICA

Un leader che applica il pensiero critico valuta attentamente le diverse opzioni strategiche, considera i potenziali impatti, identifica i rischi e le opportunità e formula solidi piani strategici basati su una valutazione critica delle informazioni disponibili.

Questo ti aiuta a prendere decisioni strategiche ponderate e a guidare la tua organizzazione verso gli obiettivi desiderati.

LEADERSHIP E GESTIONE DI UNA CRISI

Un esempio concreto di come il pensiero critico possa essere applicato alla leadership è la gestione delle crisi.

I leader del pensiero critico valutano attentamente le situazioni di crisi, analizzano le cause, identificano le possibili soluzioni, soppesano i rischi ei benefici di ciascuna opzione e prendono decisioni informate sulla base di queste valutazioni critiche.

Questo aiuta a gestire le crisi in modo efficace, minimizzare gli effetti negativi e proteggere gli interessi dell'organizzazione e dei suoi stakeholder.

LEADERSHIP E HR

Il pensiero critico può essere utilizzato anche nella gestione delle risorse umane.

I leader del pensiero critico possono valutare attentamente le prestazioni dei dipendenti, identificare i punti di forza e le aree di miglioramento, fornire feedback costruttivi e sviluppare piani di sviluppo della carriera.

Ciò richiede la capacità di valutare criticamente le prestazioni dei dipendenti e prendere decisioni basate su dati e prove in modo obiettivo, piuttosto che su pregiudizi e intuizioni superficiali.

In conclusione, un leader che tende al pensiero critico sarà in grado di valutare attentamente le informazioni, prendere decisioni basate su evidenze, gestire il cambiamento, valutare le performance dei dipendenti, guidare il cambiamento, e prendere decisioni informate sulla base delle esigenze della comunità e degli obiettivi dell'organizzazione.

Dopotutto, il pensiero critico è un'abilità fondamentale di una leadership responsabile e orientata alla comunità.

I leader dal pensiero critico sono maggiormente in grado di considerare attentamente le opzioni, considerare gli interessi delle diverse parti interessate, prendere decisioni basate su dati e prove e promuovere un governo societario responsabile e sostenibile.

Questo ti aiuterà ad avere un impatto positivo sulla tua cerchia interpersonale in ambiti lavorativi e non e sulla società nel suo insieme.

CONCLUSIONE

In sintesi, il pensiero critico è una competenza fondamentale nel mondo di oggi.

Valutando le informazioni, prendendo decisioni basate sull'evidenza e gestendo il cambiamento, si riesce ad utilizzare il pensiero critico per affrontare sfide complesse, prendere decisioni informate e guidare i team e le organizzazioni verso il successo.

Questo libro offre una varietà di strategie per sviluppare il pensiero critico, inclusa la definizione di obiettivi chiari, la ricerca di diverse fonti di informazioni, la sfida alle ipotesi, l'analisi e il riepilogo delle informazioni e l'incoraggiamento alla discussione e alla condivisione di idee.

I vantaggi del pensiero critico nella vita di tutti i giorni, come avrai potuto cogliere sono molti: dal prendere decisioni più informate ed efficaci, a risolvere problemi complessi, fino ad identificare opportunità di innovazione, migliorare la comunicazione e gestire meglio il cambiamento.

Inoltre, il pensiero critico ti aiuta a sviluppare una mentalità aperta e flessibile, riconoscere i pregiudizi e valutare le informazioni in modo obiettivo ed equilibrato.

Infine, voglio incoraggiare tutti i miei lettori a continuare a esercitare il pensiero critico in tutti gli aspetti della loro vita:

non lasciate che le opinioni di qualcun altro parlino per voi.

Il pensiero critico è un'abilità che può essere sviluppata e migliorata nel tempo con una pratica costante:

Sviluppare e allenare le capacità di pensiero critico è un investimento prezioso per migliorare la tua acutezza mentale, intelligenza e successo nella tua vita personale e professionale: soprattutto in un mondo che si sta rivelando sempre più incline ad abbracciare i rapidi cambiamenti portati dall'integrazione dell'AI nei processi socioeconomici.

Printed by Amazon Italia Logistica S.r.l.
Torrazza Piemonte (TO), Italy